Segundas
intenções

Nilton Bonder
Segundas intenções

VESTINDO O CORPO MORAL

Copyright © 2011 *by* Nilton Bonder

Direitos desta edição reservados à
EDITORA ROCCO LTDA.
Av. Presidente Wilson, 231 – 8º andar
20030-021 – Rio de Janeiro – RJ
Tel.: (21) 3525-2000 – Fax: (21) 3525-2001
rocco@rocco.com.br
www.rocco.com.br

Printed in Brazil/Impresso no Brasil

CIP-Brasil. Catalogação na fonte.
Sindicato Nacional dos Editores de Livros, RJ.

B694s	Bonder, Nilton
	Segundas intenções: vestindo o corpo moral / Nilton Bonder. – Rio de Janeiro: Rocco, 2011.
	ISBN 978-85-325-2667-0
	1. Tradição (Teologia). 2. Midrash. 3. Conduta. 4. Antropologia teológica – Judaísmo. 5. Ética judaica. I. Título.
11-2688	CDD–296
	CDU–26

Sumário

Prefácio – Eros Grau 7
Introdução 11

CAPÍTULO I
INTENÇÕES – PRIMEIRAS E SEGUNDAS

Adultério entre o corpo e a alma 20
Impulsos e identidade 26
Labirintos 32
Fomes, apetites e atravessadores 35
Autocentramento e perdição 43
Entre maroto e cabotino 47

CAPÍTULO II
PEGANDO PELO RABO

Cegueira – O ocultamento em cadeia 55
Visão, a roupa da realidade 62
Camaleônico 67
O ponto tolo 76

CAPÍTULO III
VESTINDO – AS FALAS DO CORPO

A maturidade de não sermos honestos 92
Complacência com o que não é visto 98
Vestindo o noivo-inimigo 102
Verdade e vestimentas 106

Verdade *versus* imaginação 110
Monogamias e compromissos 119
A morte e a moral 123
Em busca do lugar estreito 129
A vestimenta e a lei – burka e shariá 134
Imoralidade pelo cumprimento 139
Humanismo e racionalização 145

CAPÍTULO IV
EXISTÊNCIA *VERSUS* PRESENÇA

Presença e dependência 151
Presença e recompensa 155
Presença e punição 159
Consciência sem presença 161

CAPÍTULO V
NUDEZ COMO FUNDAMENTO

Now-Age ou *New-Age* – Coerência interna ou externa 172
Relativizando o livre-arbítrio 178
Convivendo com o mau-impulso 182
Primeiras intenções 187

Prefácio

– Eros Grau

Enfrento dificuldades para escrever este prefácio, mas me sinto inteiramente à vontade escrevendo este prefácio. Encontramo-nos na Fundação Getulio Vargas, no Rio. Nilton fora convidado a assistir a minha palestra sobre *A interpretação do direito e o STF*. A certa altura citei *A alma imoral*, onde ele afirma que, em várias ocasiões, a preservação da lei apenas pode ser obtida mediante sua transgressão. Nada com *segundas intenções*: a FGV costuma convidar intelectuais para propor questões aos expositores em seu programa de conferências e eu não tinha a menor ideia, ao preparar minha fala, de que Nilton estaria lá.

Tornamo-nos imediatamente velhos amigos e ele me convidou a escrever este prefácio, gesto generoso de amigo. Impossível, sem segundas intenções, falar de tudo o que Nilton ensina (o *yetser ha-rá* o terá levado a escrever este livro?). Só posso dizer, neste prefácio, do que me ensina, no sentido de tentar reconhecer o *mau-impulso-segunda-intenção* e com ele conviver, buscando porém aprender que minha *existência* é mais importante do que minha *presença*; a desconfiar de minhas segundas intenções, a resgatar-me o sujeito, a resgatar minhas primeiras intenções.

Eu não ousaria, dominado pelo *yetser ha-rá*, afirmar que apreendi o quanto Nilton diz sobre o lugar da moral e da malícia. Seriam necessárias muitas linhas, após prolongado tempo de reflexão, para dizer alguma coisa unicamente sobre uma frase sua: "Eros vestido de *ethos* engendra a moral e as segundas intenções." A mim faltaria a habilidade do calígrafo que – na metáfora usada por Nilton –, ao chegar ao meio da linha, começa a desenhar as letras do fim para o começo, de modo a garantir que toda a escrita caiba na linha, sem ter de encerrar-se com um garrancho, algo típico de quem não soube administrar espaços. Por acaso não é assim, com um garrancho desses, que para muitos termina a linha, no momento em que o Eu se vai? Percebem como um prefácio nada diz? Um prefácio é o oco, o vazio anterior ao início das linhas.

Mas eu ousaria, sim, contar da alegria que experimentei ao ler as explicações de Nilton sobre o Gênesis 1:26 e sobre o relato do Reb Elimelech de Lizhensk, quando afirma (Nilton) que "o mais poderoso arbítrio do livre-arbítrio é coibir-se".

O que o leitor, ao dar de frente com este prefácio, espera de minha *presença*? Certamente, porque aqui não conta minha *existência*, alguma observação ancorada no *jurídico*. É verdade que minha *presença* (recomendo ao leitor que leia o livro para saber do que estou falando) passa por aí.

Nilton ensina também muito sobre o *jurídico*. Por exemplo, que a presunção de inocência é própria das primeiras intenções, não das segundas – e eu sei do que estou falando... Que as novas leis são quase sempre voltadas à ampliação de interesses particulares. As observações desenhadas sobre a reflexão de Ishbitzer, o rabino de Izbicy, a propósito dos personagens de José e Judá, são exemplares. Deveriam ser ensinadas aos estudantes de direito e aos que julgam que o estudaram.

Mais ainda, propõe uma instigante relação entre a *retórica do bom* (a racionalidade e a estética, na cultura grega) e o *discurso do correto* (o sagrado e a lei da cultura hebraica meio oriental), que está me dando o que pensar. De resto, a exposição sobre o aborto é fascinante, em especial para quem saiba ler o *não dito*.

Limito-me porém a registrar a observação, de Nilton, de que as decisões são executadas pela *consciência*, que é o cenário mais propício ao camaleão e suas vestimentas, vale dizer, ao *yetser ha-rá*. Assim também as decisões judiciais, que pressupõem uma operação anterior a cada uma delas, a da interpretação dos textos normativos aplicáveis, ou não, a cada caso a decidir.

A interpretação dos textos procedida pelo juiz-intérprete parte de suas pré-compreensões, que no final da linha a determinam. Os preconceitos do intérprete não são o resultado de meras idiossincrasias pessoais, refletindo na verdade toda a sua vivência histórica; assim, marcam seu perfil existencial, e a interpretação é uma experiência histórica do intérprete, porém conformada por todas as suas experiências históricas anteriores.

Importa indagarmos – e o livro de Nilton me faz pensar nisso – se a decisão dos juízes, em cada caso, provém do *yetser há-tov* (o bom-impulso-ético), construído a partir do senso de justiça e de decência, ou se eles a tomam dominados pelo *yetser ha-rá*. Eis a grande questão que o livro me propõe, como a reafirmar o caráter dramático da decisão jurídica. Toda decisão jurídica é terrível, como o anjo de Rilke. Será trágica sempre que o *yetser ha-rá* prevalecer.

Causou-me ainda imensa alegria, digo-o ao cabo deste prefácio, ler no finalzinho do livro o que Nilton afirma a respeito dos caminhos de Abraão e de Jesus, caminhos de amor ao ser humano. O que neles há de comum explica o gesto generoso do convite do amigo rabino a um cristão amigo para escrever este prefácio.

Introdução

Segundas intenções nasce como complemento ao livro *A alma imoral*. Vem do desejo de chegar mais perto do comportamento humano e reconhecer nele uma natureza ambígua, dual. A experiência humana se caracteriza pela percepção que uma pessoa tem de si, de onde surge uma identidade, um sujeito que terminantemente desfaz a naturalidade do corpo e o segmenta. *Deste partir surgem a alma e o corpo, ambos como fragmentos do Corpo antes do sujeito.* A alma representa o corpo antes do sujeito, e o novo corpo se faz repleto de segundas intenções. É este corpo mutante que simbolicamente precisa se vestir na história bíblica. Ele traja outra pele para esconder a pele de lobo, para ocultar uma ganância e uma fome que não são da natureza, mas de seu imaginário.

Este é o maior dos dilemas humanos: viver na vida ou no imaginário. Viver na vida é a escolha pelo gozo, mas é também a opção pela inconsciência. Viver no imaginário é a escolha pela criatividade, mas é também a opção pela dor e pela frustração. O imaginário é um lugar onde habita um "Eu", onde o ser humano se faz um deus, inventando a si, sendo criador de um personagem até então inexistente.

E nenhum outro vestígio deste personagem é tão marcante quanto sua "segunda intenção". O verdadeiro roteiro de nossa biografia são nossas segundas intenções, aquilo que quereríamos por trás do desejo. Impulso dentro do impulso, nele está a nossa maior presença e, ao mesmo tempo, a nossa vergonha. Na segunda intenção está a mais profunda e real impressão digital, marca incontestável de nossa consciência. Segundas intenções flagram e deflagram no universo a criação de um interesse que não é natural e inauguram o imaginário.

No imaginário está também a imperfeição humana manifesta na capacidade de distorcer e corromper a realidade para acomodar identidades e crenças. Deste meio, empapado de contradições, parcialidades e dissimulações, emerge o senso de si. Nutrido por sombras, o corpo se percebe e se projeta sobre a realidade. Mas não é desta imperfeição que se origina sua vergonha. A fonte de sua vergonha é uma ambivalência profunda. Só nos percebemos, só somos presença em nós mesmos quando somos parcialmente despertos e parcialmente torpor. Só existimos em nosso imaginário quando estamos imersos num sonho pessoal que observamos com juízos e critérios. Só somos autênticos quando somos parcialmente mentira e verdade. *Quando tentamos erradicar nossas distorções, nos reduzimos a uma essência sem interesses e não nos reconhecemos.* A consciência sempre será uma crítica e dela sempre emanará uma voz moral. Este impulso moral que nos caracteriza e nos personaliza é nossa seiva e nosso veneno. Toxina que nos oxigena e que é, ao mesmo tempo, tragédia e comédia humana – o mal-estar e a ironia que representam nosso estado ambivalente.

Essa voz moral, este impulso moral, que ora é nutriente e ora é peçonha, é o palco de nossa existência. Ambos, seiva e veneno, são vitais, e isto será fonte de grande confusão. Pareceria que a seiva é o santo, o correto, o bom; e que o veneno é o profano, o errado, o mau. No entanto, para efeitos de existência, essa diferenciação será indiferente. Vivemos de nossas verdades e de nossas mentiras numa estranha fusão entre vida e imaginário, entre real e virtual. Nesse Eu cuja essência não é apenas a existência, mas as falas internas, o fundamental é que não nos percamos em segundas intenções. Essas intenções que precisam se vestir de outras intenções para que nós as aceitemos, em que nos fazemos réu e juiz de uma só vez, têm como função administrar o *desejo e a vergonha* num único momento. Elas se perdem e nos perdem em reflexos e espelhos múltiplos que parecem gerar presença, mas são apenas imagens e representações. Porém, essas intenções não podem viver a vida por nós. A vida que passa e que flui como um filme é a vida que nos escapa, e para podermos passar novamente por ela teremos que resgatar nossa primeira intenção.

Este livro se propõe a passear pelos pomares da tradição *"midráshica"*, que a meu ver se constituiu no maior esforço do Ocidente para dar visibilidade a esse fantasma humano, a essa imagem desfocada de nossa identidade que estrutura tanto o indivíduo quanto a comunidade. O conteúdo que muitas vezes parecerá beber de fontes da moderna psicanálise vem, na realidade, de outra fonte de análise mais antiga e cujas ramificações, com certeza, desembocam nesta ciência contemporânea. Em linguagem própria do *Midrash*, este é um livro sobre o *"yetser ha-rá"* – o Impulso Perverso, que aqui trataremos como Segundas Intenções ou por Impulso Moral. E a intenção deste texto – e espero que prevaleça para o leitor – é a de melhor capacitá-lo na identificação desta segunda voz dissimulada de primeira. Porque reconhecer o Impulso Perverso traz efeitos terapêuticos que, espero, possam ser úteis.

Toda vez que a Segunda Intenção puder ser revertida à sua condição de Primeira Intenção, a consciência deixará de ser uma vestimenta à vergonha e recuperará sua potência criativa, banhando de dignidade a opção pelo imaginário. Ao contrário, toda vez que o imaginário se fizer o epicentro da imperfeição, um impulso que se dissimula em outro impulso, vai se tornar o território da perversão e contaminará de devassidão nosso viver. Há purezas que são devassas e há depravações que são santas. Há naturalidades que são falsas e há invenções que são originais. Tudo dependerá de onde estiver a intenção, no seu lugar de primeira ou de segunda.

Você está convidado a se reconhecer em suas segundas intenções; a penetrar por entre seus efeitos camaleônicos e ilusionistas numa expedição para reencontrar o corpo que as gerou. Não será mais o corpo orgânico que a natureza criou, será um corpo complexo, alterado por nossas perversidades e por nossa moral, maculado por nossa imperfeição e forjado pelo esforço para dar ânimo a algo até então inanimado e autorreflexo. Desta criação da qual somos parceiros nunca saímos ilesos. Parte *Frankenstein* e parte sujeito, parte anômalo e parte autêntico, mescla de monstro e pessoa, vamos dando visibilidade ao único corpo realmente capaz de hospedar nossa existência.

Este livro é um mapa por entre falas e olhares para a terra sagrada das primeiras intenções. No seu caminho você encontrará desconcertos e constrangimentos porque verá revelado o que não poderia ser conhecido por ninguém. O que o protege destes vexames não é o fato de que ninguém sabe deles, mas, ao contrário, de que são sabidos e compartilhados por todos. Talvez você, leitor, se convença – como tento eu no esforço de escrever este livro – de que nos é mais cara a existência do que a presença; de que a primeira é mais suscetível a nos ser subtraída do que a segunda; e de que na vida a essência verdadeira está no uso, e não na posse.

CAPÍTULO I

INTENÇÕES –
PRIMEIRAS E SEGUNDAS

O que é a intenção?
A intenção é um fenômeno causado pela existência de um sujeito por trás de uma ação. Só há intenção onde houver livre-arbítrio.

Se pudéssemos conceber uma evolução motivacional da vida, veríamos que a intenção é um novo nível de complexidade. A motivação original de tudo se desenvolve a partir de reações, ou seja, de uma provocação inicial que põe em movimento uma sequência de reações. Assim funcionam o universo e seus elementos, interagindo incessantemente não por ação, mas reação. Tudo o que a física e a química comprovam é um mundo que reage constantemente. Essas reações, que se repetem e representam leis absolutas na natureza, são os fundamentos da ciência.

A vida, por sua vez, inaugurou um novo estágio além das reações e trouxe a novidade das ações. Seja em seu estado vegetal ou animal, a vida age porque tem a dupla incumbência de manter não apenas as leis físicas e químicas da natureza, mas a sustentação de seu ser. A motivação orgânica é uma nova categoria de causalidade no universo. As iniciativas passam a ser incitadas não apenas por combinação de "interesses" químicos e físicos, mas por demandas implantadas no projeto particular de cada espécie orgânica. Desta forma elas provocam e não apenas reagem. O DNA é uma natureza encravada em outra natureza. Elas certamente interagem, mas a natureza da vida é uma criação dentro da criação. Como o próprio texto bíblico anuncia, o que é criado tem categorias diferenciadas e o ser humano será apresentado como uma variante, uma criação dentro de criações, cuja complexidade evolutiva maior é a "intenção".

A intenção é a motivação para uma ação que não se origina nem de reações elementares nem de ações propostas por uma agenda fisiológica. Produzida no presente, a intenção interfere na qualidade de ações e reações. A responsabilidade das intenções não está na Natureza, nem na natureza genética, mas num sujeito que se revela. Quanto mais responsável alguém for por seus atos, mais perceptível será o "eu" que os motiva. Assim, a existência humana é determinada justamente por essa capacidade de se culpar e desculpar ou de perceber a causa de suas próprias ações. Quando o resultado nos parece negativo, conhecemos a culpa, e quando é positivo, conhecemos a realização.

A existência humana, portanto, pode ser caracterizada pela qualidade de nossas culpas e realizações. Elas são existencialmente idênticas no que diz respeito à experiência de existir. Essa é a escolha humana: existir mesmo que a consequência seja o inferno ou a culpa. Passar ao largo do inferno é uma opção que não interessa. Adão e Eva rompem com o mundo das reações e entranham-se no mundo das intenções. Como colocou o sábio Ben Zakkai diante de uma decisão de grande impacto em seu tempo: "Não sei se irei para o céu ou para o inferno." Com esta frase ele não demonstra indiferença ao resultado de suas ações, mas sabe que seu compromisso maior é com as intenções. Ele revela, justamente por não negar sua responsabilidade, algo difícil de ser reconhecido – que o que vale na esfera humana é a intenção.

É importante ressaltar que por "intenções" não se deve tomar o uso popular da palavra que emana do próprio conceito de segundas intenções, significando irrelevância da ação ou um substituto para a ação. Nem como a expressão popular "ficou na intenção". Muito pelo contrário, diferente da inércia ou da indiferença, a intenção representa uma motivação que assume total responsabilidade por ações com o compromisso de efetuá-las. Toda intenção verdadeira é sempre acoplada a uma ação. Serão as segundas intenções que produzirão o slogan de que é "melhor a ação do que a intenção". Porque as segundas intenções têm interesse em obliterar a intenção original, esforço este que tem como custo descaracterizar e "despersonificar" um indivíduo. Aí está o frequente equívoco de trocar a existência pela presença.

É nas intenções que o ser humano conhece a si, é nelas que vê revelada sua face. Os espelhos, invariavelmente presentes nas cenas de nossos crimes, crises e catarses, revelam não o corpo, mas suas discrepâncias. Ao refletir naturezas e imagens, o espelho ressalta o hiato entre figura e essência. Expõe assim uma humanidade que é o epicentro de nossa identidade. Invisíveis, as intenções dão corpo e tornam real um ser humano. A existência, diferente da presença que o espelho expõe, reside no universo paralelo de nossas intenções. Um humano destituído de intenções é um corpo sem alma, uma carcaça sem identidade.

A sombra desta qualidade existencial humana se encontra na dose e no comedimento. A competência para fazer uso de ferramentas e instrumentos a fim de se reconhecer como um sujeito está ligada também à possibilidade destrutiva da posse, da retenção e do privilégio. A intenção como uma criação da criação pode continuar a recriar infinitamente – a criação da criação da criação –, produzindo um efeito que extravia a existência de um sujeito. Inundado de desejos dinâmicos e mutantes, esse infinito desconstrutor de si mesmo tem a sensação de controle e, ao mesmo tempo, paradoxalmente, de inexistência. A presença absoluta é um desejo de posse de si, não mais uma imaginação, mas uma aparência. Na aparência há ausência, que é o fenômeno contrário aos da autoconsciência e de existência.

Isso é o mesmo que dizer que não foi o surgimento do sujeito que trouxe a Adão e Eva o desejo de se vestir. O sujeito revela a existência da nudez e sua profunda beleza. Mas num segundo momento, assim que a imaginação é capaz de ver a si e ao outro diferenciados da grande paisagem da inconsciência, não consegue deter seu poder criativo e começa a conceber aparências, possíveis aperfeiçoamentos ao corpo, o que o torna inadequado e impróprio. Esse corpo agora tem que ser vestido e passa a ser a marca de uma presença que não pode existir como é. Sempre fazemos de nós uma aproximação do que somos porque, em nossa imaginação, o que somos realmente nos é insuportável. Geramos assim uma inexistência encravada no âmago de uma identidade. Fazemos de nós então um ser "quase consciente" porque esta consciência nunca acolherá o que verdadeiramente é. Como se o que aparece nas palavras de Deus, "Não poderás ver Meu rosto, pois não poderá ver-Me o homem e viver", fosse a fala do homem para si mesmo. Nunca poder ver-nos seria a derradeira limitação de nossa consciência.

A busca da nudez é o resgate da primeira intenção perdida num baú de segundas, terceiras e múltiplas intenções. Maldição própria de quem é expulso: por um lado, detentor de poderes de tudo ver e discernir e, por outro, dependente do olhar para si mesmo como único parâmetro para tudo ver. Um poder impotente é, sem dúvida, uma maldição.

Adultério entre o corpo e a alma

PEQUENA HISTÓRIA EVOLUTIVA DA INTENÇÃO

A tradição judaica classifica três dimensões evolutivas na área da motivação: 1) *domem* – inanimados ou reativos – 2) *tsomeach*

– animados ou ativos – e 3) *medaber* – falantes ou intencionados. Os reativos, em sua condição inorgânica, estão imersos no mundo da Natureza e apenas reagem química e fisicamente à realidade. Os ativos, por sua vez, são as estruturas orgânicas que possuem um "interesse particular" implantado no meio de sua Natureza inorgânica e cujo compromisso maior está em preservar sua existência como entidade viva. Essa segunda categoria produz ações e escolhas introduzindo a causalidade e o acidente. No entanto, estas ações só conhecem a intenção como um pacto com a vida. Aqui a ação ainda é uma reação, mas, por ser de uma segunda natureza, os atos parecem ter motivação própria e se assemelham a ações. Já a terceira categoria, a dos intencionados, incorpora uma capacitação bastante complexa. Por dispor de algum condicionamento para julgar, "o falante" elege quando acatar suas intenções e quando interferir nelas. É interessante que, ao nomear este terceiro estágio, os sábios tenham associado a habilidade verbal com a intenção. Seguramente, eles reconheciam que a fala é a construção de um discurso que estará sempre voltado para comunicar ao mundo as justificativas de nossas ações. Os seres vivos têm muito poucos usos para a fala. Talvez alguns poucos comandos como "me dá" ou "não dou" sejam necessários e mesmo assim se manifestam em grunhidos e estertores que poderiam estar não no campo da fala, mas dos gestuais do próprio corpo. A fala tem uma única função, que é a de justificar e convencer. Ela é a propaganda pessoal que comunica ao mundo suas razões. Tem em parte a função de abonar as ações diante dos outros e em parte de ratificar para nós mesmos nossa identidade e autenticidade. Não é por acaso que a fala se vincula diretamente às segundas intenções e a todas as formas de dissimulação. Toda fala é um sussurro do próprio orador para si mesmo. Por essa razão ela será sempre uma peça fundamental na possibilidade de efetuar o caminho inverso e permitir o retorno ao lugar da primeira intenção. Também não é de se estranhar que o surgimento da fala coincida com o advento de "outras intenções" para o ser humano. O grande mestre Reb Nachman de Bratslav, inspirador, entre outros, de Kafka, representa de forma magnífica em seu conto "Os sete pedintes" o momento do nascimento das "segundas intenções":

Um rei havia desejado muito a filha da rainha, e fizera muitos esforços para consegui-la, até que a obteve e vivia com ela. Mas certo dia o rei sonhou que a filha da rainha ficava contra ele e o matava. Quando acordou, o sonho continuou em seu coração, e ele consultou os intérpretes de sonhos, que lhe disseram que seu sonho devia ser verdadeiro. Então o rei ficou num grande dilema: matá-la o faria sofrer, pois ele ainda a queria; mandá-la embora seria insuportável, pois ela iria para outro, e talvez voltasse para matá-lo; mantê-la com ele seria perigoso, pois ela poderia matá-lo como o sonho previra. O rei não sabia o que fazer, e enquanto isso, o amor que ele tinha pela filha da rainha foi acabando devido à desconfiança trazida pelo sonho. O amor que ela tinha pelo rei também foi acabando, até que ela passou a ter ódio dele. Então ela fugiu. O rei não se conformou e mandou que a procurassem. Logo os enviados contaram ao rei que ela estava próxima ao Castelo das Águas. O Castelo das Águas era algo realmente extraordinário, com dez muros feitos de água, piso de água, árvores e jardins de água. Quando a filha da rainha chegou lá, ficou andando em volta do Castelo, pensando que se afogaria se entrasse lá. Ao saber de seu paradeiro, o rei mandou que os soldados a capturassem, e quando ela viu a intenção dos soldados, resolveu atirar-se às águas, buscando alguma salvação. Quando o rei viu que ela corria em direção ao Castelo das Águas, mandou que os soldados disparassem suas flechas, como último recurso para impedi-la. Dez flechas a atingiram, com dez tipos de venenos, mas ela se atirou no Castelo, passando por suas dez muralhas de água, e caiu no interior do Castelo, enfraquecida. Só poderia curá-la aquele cujo poder estivesse em suas mãos, o poder de retirar as dez flechas que a atingiram, com os dez tipos de venenos. ("Os setes pedintes", Nachman de Bratslav)

Reb Nachman trata a história da intenção não mais nos planos coletivo e evolutivo, mas na experiência pessoal e de desenvolvimento do indivíduo. O antigo rei é apaixonado pela rainha, e juntos eles formam um casal passional e mágico. O rei representa o corpo-ego e a rainha é a alma-intenção. Até um dado momento, eles brincam juntos pela vida. Todas as suas intenções são compartilhadas, únicas, como intenções-tronco. Essas intenções podem aparecer nas mais diferentes interações com a vida e são muito prazerosas. Elas não geram qualquer culpa ou dolo além das reações externas da natureza e da vida, mas sem ter um caráter meramente interno. Isso perdura até um dado momento em que a chegada de um novo rei, um terceiro ou um pretendente intruso neste romance perfeito coloca tudo em risco. Trata-se da moral.

Seja por educação ou desenvolvimento próprio, o ser humano vai se fazendo um ser moral. Ele aprende e cresce na arte de fazer julgamentos e promover pudores. No processo de adestramento aos bons costumes para se adequar uma criança ao convívio e ao respeito, tentando sensibilizá-la aos deveres e aos modos de proceder nas interações sociais, surge uma intenção ambivalente. Essa intenção questiona o antigo rei e postula para a alma que se deve suspeitar do corpo de onde emanam as primeiras intenções. Este receio primordial alavanca pesadelos.

Em quem confiar?

Diante deste receio original, o antigo rei será condenado como fonte do "impulso ao mau" para toda a existência. Por conta de sua desconfiança, o antigo rei se tortura com a possível infidelidade da alma. Ele projeta em seu olhar dissimulado a percepção de que a alma tem por desejo maior matá-lo, e assim ele se torna ambivalente para sempre. Sua amada é sua assassina. O que ele mais quer é o que menos deveria querer; o que lhe dá prazer é o que tem o potencial de fazê-lo sofrer. A fonte maior da vida estará para sempre poluída; quanto maior a força do prazer, maior sua potência tóxica.

Tudo acontece pelo despertar deste novo rei que seduz a alma com aspirações de justiça e equidade e a faz desconfiar do antigo rei, até então o parceiro maior da vida. Cada impulso novo gerado por este rei original irá produzir o mal-estar da suspeição de um potencial bruto e malévolo. Para o antigo rei-ego, a ambivalência da rainha-alma ficará cristalina como um adultério. Ele lê em seus olhos de promessas amorosas o desejo de se livrar dele, num abandono e desinteresse que lhe é fatal.

Essa é a construção vestida (segunda intenção) de Eros que se desenvolve no início da puberdade. O que antes era o Eros ingênuo de um par ou de polos – Rei e Rainha –, algo semelhante a um par em todas as espécies animais (macho e fêmea), vai ganhar um terceiro e só então constituir-se como um casal. Um casal nunca é dois; um casal é dois mais um olhar externo, um terceiro. Dois é o lugar erótico infantil e animal, três é o lugar erótico-vestido da consciência. Por isso o casamento é sempre moral. O casamento é sempre o aprisionamento da amada-alma que poderia estar fugindo com o outro. O outro, que pode até ganhar identidade num outro ser humano-amante, é, na essência, a segunda intenção da posse. Nessa construção não se quer mais o cônjuge, quer-se o seu nome, quer-se a garantia de que

Eros não estará nu, mas vestido de um compromisso. E o compromisso é a três. O antigo rei, assim como os amantes adultos, não quer mais a rainha sem este terceiro olhar e, ao mesmo tempo, sofre por tê-la como uma ameaça. Esse é o momento histórico na vida de cada ser humano onde o *yetser ha-rá* (o mau-impulso-segunda-intenção) ganha sua identidade. Aquele que havia sido o par oficial da alma, agora se faz o intruso na relação ética que a alma estabeleceu com um novo rei. É ele o terceiro deste casal e é ele quem tentará seduzir a rainha fazendo-se passar por uma forma de *ethos* dissimulada. Eros vestido de *ethos* engendra a moral e as segundas intenções.

Importante entender que o ser humano adulto é casado com a virtude, com o *yetser há-tov* (o bom-impulso-ético) construído a partir do senso de justiça e de decência que amadurece no ser humano. No entanto, este senso nunca será totalmente acolhido pela identidade de si mesmo, porque muitas vezes não estará no lugar mais vantajoso a essa identidade. Neste lugar está a nova característica do velho-Rei. De companheiro nu da vida, ele passará a ser o intrometido, o terceiro, que, representando o nosso próprio Eu, vai produzir segundas intenções. Elas, manifestas pela moral, justificam interesses do próprio ser travestidos de éticos. A sedução da alma pelo *yetser ha-rá* se dará num adultério dissimulado, fazendo-se passar pelo impulso ético.

Este Saci do imaginário judaico, matreiro e ardiloso, é um "veio" que sabe das coisas. Ele estava lá desde o início. Mais antigo que o impulso-ético, ele tem maestria sobre os costumes e gostos da alma. Sabe como enredar-se para que ela reconheça a sua voz e a assuma como a legítima voz de si, ou seja, do encanto entre o Eu e o Ethos. No entanto, será um encantamento adúltero entre o Eu e o Eros, que parecerá refazer a paixão pura dos velhos tempos, quando em realidade se estabelece uma relação moral. Moral porque nunca mais o *yetser ha-rá* poderá aparecer nu. Ele estará sempre se fingindo do novo-Rei e terá cara de Ethos em pele de Lobo, de Eros. Essa segunda intenção, alucinatória em natureza, parecerá tonificar o Eu, mas na verdade muito o debilita.

Impulsos e identidade

O INTRUSO ENTRE A ALMA E O CORPO

O âmago da ambivalência humana é não saber quem melhor nos representa: nossa natureza ou nossa consciência. A contribuição de Reb Nachman nesse tema é tratá-lo como uma questão matrimonial, de compromissos assumidos. Trata-se aqui da corte do casal Eu e Eros sob o olhar de Ethos, produzindo a moral; ou a corte do casal Eu e Ethos sob o olhar de Eros, produzindo a malícia. Em ambos os casos, seja moral ou malícia, estamos diante do *yetser ha-rá* (o mau-impulso) – a segunda intenção que busca vestir a intenção inicial de uma interação nua com Eros ou com Ethos. O *yetser ha-tov* (o bom-impulso, o primeiro-impulso) é sempre aquele que não está sob a espreita de um olhar externo, pronto para vestir a intenção. O *yetser ha-tov*, o bom-impulso, não é uma interação monogâmica vestida, típica de um casal sob o olhar externo, mas a interação nua com a vida, seja sob sua forma Eros ou Ethos, e assim favorece autenticidades. Essas paixões serão sempre expressas por afetos ou gentilezas que surpreendem o sujeito, preenchendo-o de existência. Elas se manifestam por meio de uma surpresa ou espontaneidade, onde o que mais impressiona é a ausência do Eu. Há um deslumbramento assustador nos atos irrefletidos que nos desvelam sem passar pelo Eu, numa relação passional seja com Eros ou com Ethos. Sempre que fizermos movimentos autênticos de primeira intenção passionais ou que os fizermos em solidariedade ou desprendimento, conheceremos este resgate de uma identidade oculta que não faz parte do nosso Eu. Talvez o mais difícil de aceitar seja o fato de que a intrusão não esteja nos impulsos, mas no Eu. O Eu é que definitivamente forma impulsos que são maus, porque são segundos impulsos, talhados e modelados em indumentárias para o sujeito e que acolhemos sob a forma vestida da identidade. Esse Eu customizado é o ser vestido. Sob esta condição vestida todo humano se faz pessoal, parecendo ter confiscado a si mesmo para si. No entanto, este ser capturado, retido como identidade, é um fantasma, ou um amante paranoico que será excluído e eliminado se relações diretas, não conjugais, forem estabelecidas nua e diretamente com Eros e Ethos. O Eu é sempre moral ou maldoso, porque estará mediando entre quem realmente somos e quem gostaríamos de parecer. O Eu é o impostor que se acumula sob a forma de identidade e nos leva a profundas crises e exílios. Ele é o lócus da segunda intenção; nele está o *yetser ha-rá*.

Para decifrar este emaranhado de espelhos, temos que compreender que os impulsos são nossa mais legítima matéria psíquica e nada melhor nos representa. Então, por mau-impulso, não se entenda algo bastardo que deve ser excluído ou rejeitado. O adjetivo "mau" está colocado porque ele é uma segunda intenção que, no ser humano maduro, só pode ser vivida de forma moral ou maldosa, tratando de ocultar as suas naturezas nuas. O Eu moral reflete a racionalização para controlar Eros; o Eu maldoso reflete a racionalização para controlar Ethos. Para o Eu, Eros livre sem amarras e constrangimentos nos levará à devassidão. Já Ethos livre sem algum tipo de coerção nos levará a atos insensatos que acarretarão perdas de poder ou de oportunidade pessoal. A moral veste Eros de segundas intenções e a malícia veste Ethos de segundas intenções. Em ambos os casos, o Eu protege a si mesmo em justificativas que revelam intenções. São, no entanto, suas segundas intenções. Este Eu moralmaldoso está sempre interessado em justificar-se para si e para o outro.

O poder do Eu, seu poder de barganha diante de nossa identidade, emana de sua capacidade de produzir um senso de presença. Essa presença simplifica e intermedia nossa relação com o mundo. Ficamos assim protegidos, blindados e vestidos por consciência. Essa presença no ser humano adulto parece inegociável e dela advém a autoridade das segundas intenções. Estas, de forma muito real, parecem nos representar e recebem de nós procuração por nossos interesses.

Por meio da simbologia, da mitologia e do misticismo as tradições espirituais buscam neutralizar este Eu sempre atento e vigilante, visando distraí-lo e conseguir penetrar a consciência com algum material contrário a seus interesses. Nomear os impulsos (*yetser*) tem como função roubar-lhes a invisibilidade e dar-lhes um perfil para que sejam reconhecidos no dia a dia. Como se pudéssemos ter uma metaconsciência auditando as relações mentais de nosso ser, questionando os fundamentos de nossa autopercepção.

Mas não podemos ser ingênuos quanto à capacidade do Eu de multiplicar reflexos a fim de garantir seu controle sobre nossa identidade. A ambiguidade exige grande sabedoria e autoconhecimento para que possa ser desafiada.

O Yom Kipur, o Dia do Perdão, o dia da culpa e do remorso na tradição judaica, por exemplo, funciona como um ritual de reconhecimento dessa complexidade. Este dia visa deliberadamente conduzir o ser humano ao lugar de seu mal-estar – ao lugar representado pelas ações, falas e pensamentos com os quais nos sentimos mal e que rejeitamos como uma forma legítima de nos representar. Afinal, a culpa é uma recusa em aceitar o Eu como ele se manifestou nos acontecimentos ou a percepção de que a presença não representou bem a existência.

No período bíblico, dois animais eram sacrificados para expiar a culpa. Um era oferecido a Deus e outro a *Azazel* (o espírito mau do deserto), um para o absoluto do bem e outro para o absoluto do mal. Estes animais deveriam ter características idênticas, ou seja, mesmo tamanho, cor e preço. Então uma loteria era sorteada para definir qual deles seria ofertado para Deus e para *Azazel*.

A loteria é um símbolo da ambivalência. Por ambivalente queremos dizer que há uma total incapacidade de escolha. Como uma mulher atormentada por sua divisão entre dois amores, cada um com qualidades específicas, mas igualmente desejados. Só uma loteria poderia resolver isso ou, como popularmente é representado, com o bem-me-quer-mal-me-quer. Não há possível decisão a não ser através de um aleatório destacar de pétalas. O Eu é o fantasma desta ambivalência, ou seja, a representação sob a forma de identidade. Sua imagem foi gradualmente construída através de nossa relação consciente com a vida.

Sobre essa relação ambivalente, inerente e intrincada com nossa humanidade, o Talmude conta uma história tentando dar ainda mais definição às silhuetas de nossa identidade profunda.

Ambientada no momento do retorno dos judeus de seu exílio na Babilônia, essa história do Talmude conta que os sobreviventes encontraram o Primeiro Templo totalmente destruído, em escombros. Vasculharam o local e, para seu horror, no Sagrado dos Sagrados, a câmara mais exclusiva e sagrada do Templo, na qual apenas o Grande Sacerdote penetrava um único dia por ano, encontraram os corpos dos sacerdotes que lá haviam buscado refúgio durante a invasão inimiga. Entre eles, um único sobrevivente: o *yetser ha-rá* que ainda respirava.

Horrorizados e mobilizados, os sábios suplicaram a Deus: "Deus do universo, Tu criaste em nós o mau-impulso (*yetser ha-rá*) para que nós a ele resistíssemos e com isso tivéssemos o mérito e fôssemos recompensados. Saiba, porém, que não queremos nem ele e nem sequer a recompensa destinada a quem o domina. Imploramos a Ti que extinga o mau-impulso de todos os corações de Israel de uma vez por todas. Mesmo que nos pudesse ser enriquecedor e benéfico triunfar sobre o mau-impulso, revoga-o para sempre. Que não haja mais nenhuma forma de maldade!"

Em resposta às suas preces, caiu dos céus um bilhete que veio planando até a Terra. Nele estava escrito: "*emet* – verdade".

Por três dias e três noites os sábios jejuaram. Oraram com tanta intenção que em dado momento o *yetser ha-rá* apareceu diante deles feito uma assombração furiosa, tal qual um animal ferido.

"Peguem o desgraçado!", gritaram todos enquanto tentavam capturar a besta. Mas tudo que conseguiram foi arrancar-lhe um fio de cabelo, o que o fez emitir um grito terrível ouvido por milhares de quilômetros.

Eles não desistiram. Depois de muito esforço no encalço do *yetser há-rá*, lograram subjugá-lo e por instrução do sábio Zecharya conseguiram confiná-lo num recipiente de chumbo, que foi imediatamente lacrado.

Por três dias ele foi mantido cativo. No entanto, durante este período, as galinhas cessaram totalmente de pôr ovos. Não havia ovos para os doentes em toda a Palestina.

Os sábios se deram conta de que não poderiam sufocar o *yetser ha-rá* sem simultaneamente sufocar o *chalya olma*, as energias libidinais que são indispensáveis à vida. A destruição do *yetser ha-rá* representaria a destruição do mundo.

Então os sábios buscaram uma medida paliativa e disseram: *rachmana apalga!* – dá-nos meia medida de misericórdia! Deixa que haja lascívia e desejo no mundo, mas de forma atenuada. Deixa que haja libido no mundo, porém restrita a um homem para com sua própria mulher; deixa que haja ambição e agressividade, mas apenas restritos a nobres e pacíficas causas; deixa que haja ódio, mas que esteja limitado a formas justas de indignação! Os céus reagiram com severidade e uma voz declarou: "*Palga birkhya lo iaavé* – os céus não oferecem metades!" Não há parcialidades, meias doses ou racionalizações nos céus. Esse compromisso com ambivalências não faz parte da vida, mas das identidades. Os céus não colaborariam distorcendo a realidade para que esta coubesse nas dimensões humanas.

Não havia outra saída. Os sábios retiraram o lacre do recipiente de chumbo e libertaram a criatura. Antes, porém, eles a cegaram para reduzir seus poderes e o *yetser ha-rá* voltou a perambular pelo mundo. Desde então ele espreita por trás de cada porta. E para sempre o ser humano se debaterá ante a sedução de abrir-lhe a porta.

Não há saída para o viver senão em meio à ambivalência.

Com esta história, o Talmude sela o destino errante e diaspórico de nosso sujeito. Ele será sempre prisioneiro deste triângulo amoroso, deste compromisso monogâmico conosco mesmos. Não conseguimos ser livres amantes da vida, mas precisamos do compromisso com a presença, e daí advém a sensação de que é o Eu que monopoliza nossa identidade. O Eu é o aspecto libidinoso, incontinente e licencioso, da existência. O Eu é a *persona*, a máscara, que está vestida, travestida, de nossa alma. Não temos como descosturar este Eu sem que isso seja uma prática constante de desconstrução. Para isso, os rabinos cunharam o *yetser ha-rá* com as características que tem. Por um lado,

querem lhe dar a máxima alteridade para que se faça visível; por outro, tentam demonstrar que ele ensimesma a essência de nosso sujeito. Os rabinos revelam que ele impede nossa existência mais plena e reconhecem que ele é a nossa presença. Não poderia haver consciência sem esta presença – mesmo que ela, paradoxalmente, esvazie a nossa existência.
O *yetser ha-rá* é parte da vida. Mais do que isso, é a parte que possibilita a consciência. O *Midrash* chega a fazer a corajosa comparação de que o *yetser ha-rá* é o clímax da Criação. A cada dia da Criação, o Criador selou sua obra com o reconhecimento de que foi "bom". Uma única vez Ele manifestou seu agrado de forma singular, verbalizando que foi "muito bom". Interpreta o *Midrash*:

E viu que era Muito Bom. Muito Bom é o *yetser ha-rá*. Mas o mau-impulso é "muito bom"? Sim, porque se não fosse pelo mau-impulso, o ser humano não construiria casas, não tomaria uma mulher por esposa, não formaria uma família, não faria negócios. Como está escrito: "Toda construção humana só é possível graças à rivalidade e à competição com seu próximo." (Gen. Rabba ber. IX, 7)

Labirintos

Uma anedota judaica analisada no livro de Theodor Reik, *Jewish Wit*, aparece como uma das preferidas de Freud e conta sobre dois rivais no mundo dos negócios que se encontram numa estação de trem. O primeiro pergunta: "Para onde você está viajando?" E o segundo responde: "Para Minsk." "Para Minsk?! Que cara de pau! Você está me dizendo que vai para Minsk só para que pense que está indo para Pinsk. Mas acontece que eu não sou bobo e sei que vai mesmo para Minsk. Então por que você está mentindo para mim?"

A anedota traz uma questão profunda: a verdade existiria *per se* ou dependeria do entendimento de quem a escuta? Haveria alguma distinção entre uma verdade ambientada em confiança e outra em suspeita?

Qualquer conversa acontece entre as escutas dos interlocutores. A determinação do que está sendo dito dependerá do espaço onde cada um se encontra – seja de confiança ou de suspeita. Por isso, um terceiro observador pode ouvir um relato e não escutar o que está sendo falado entre dois interlocutores. As falas partem sempre do lugar das intenções e atingem o lugar das intenções do outro.

Poderíamos dizer que a verdade que não leva em consideração a escuta do outro é uma verdade pequena, com o potencial de se tornar falsa. Em contraposição, há uma verdade genuína que incluiria também a percepção do outro. O fato de um dos interlocutores pretender ir para Minsk e declarar tal coisa parece uma mentira porque, antes de representar o que é real, sua fala entra em contato com segundas intenções. Em seu percurso de intenção a intenção, a verdade pode ser poluída em sua manifestação externa e ser transmutada em mentira tão somente pela exposição à malícia, à manipulação ou ao blefe.

Por definição, a primeira intenção não tem qualquer relação com a verdade ou a mentira. Ela não corrompe a verdade transformando-a em mentira e nem trata uma mentira como verdade. Simplesmente se manifesta como um desejo nu que não se percebe enquanto pensamento ou identidade. Como uma fala primeira antes de ser capturada pela fala dos discursos, ela está imune ao vexame, tão afeito ao espaço da verdade e da mentira.

Na infância conhecemos a primeira intenção e é dela que derivam as mais doces e nostálgicas memórias de um tempo repleto de significado. Mas as primeiras intenções continuarão a ser emanadas ao longo da vida, com a diferença de que na fase adulta serão vestidas de uma impropriedade que as tornará bastardas e exigirá sua clandestinidade. No entanto, o que sempre irá nos surpreender é que, sem que percebamos, a primeira intenção será inconscientemente reconhecida e valorizada, por conter uma integridade que não se encontrará em nenhuma intenção vestida. Como na arte de flertar, por exemplo. Se deixarmos nossa primeira intenção transparecer, estaremos diante de uma boa abordagem e encontraremos receptividade. Mas se fizermos essa aproximação pela via das segundas intenções, pareceremos grosseiros e teremos muito menos chances de acolhimento e correspondência. O mais surpreendente é que o primeiro impulso é igual ao segundo em objetivo, mas totalmente diferente em essência. O segundo está envolto em embaraço, tratando de todas as formas de encobrir algo, muito provavelmente aquilo que seria o objeto de interesse do outro. É o ocultamento do verdadeiro *self* manifestado que acaba produzindo a inadequação que o trai. Toda vergonha representa a traição ao nosso *self* cometida por uma identidade que nos veste. Em hebraico, a palavra *begued*, roupa, vem da raiz "trair". Vestidos, abrimos mão de nossa nudez para possuir a do outro. Como o outro não vai querer ser dominado em sua nudez, também se vestirá.

Assim nos acostumamos com a beleza das vestes que substituem a beleza da própria pele mediando entre o que se é e o que se pretende ser. Nosso nome se torna maior do que nossa pessoa e todas as segundas intenções têm justamente por intenção vestir-nos deste nome. Este mesmo nome que fica quando morremos e não pode nos acompanhar porque não é fruto de nossa natureza, mas do olhar do outro. Os nomes, despojos do que quisemos ser, ficam com os outros, mas divergem de quem verdadeiramente somos. Quanto maior o nome, mais difícil morrer; quanto mais segundas intenções houver, mais difícil encontrar o corpo para dar-lhe fim e morrer.

Mas é na vida que este não-corpo mais nos pesa. Isso porque ele é visível e impróprio. A vestimenta e as segundas intenções são totalmente transparentes e são percebidas pelo outro constantemente. O que nos salvaguarda da vergonha derradeira deste reconhecimento é que o outro também se faz vestido. Tratamo-nos assim por nomes e a dissimulação das verdadeiras essências se faz tolerável. Até porque a melhor maneira de nos escondermos é trazer alguém para dentro de nosso jogo de encobrimentos. Nesse sentido, a sociedade é a trama de nomes e vestes que garante a legitimidade das aparências. Gradativamente vamos trocando o querer *do que se quer* das primeiras intenções pelo querer *do que se tem ou se pode ter* das segundas intenções. As primeiras intenções são sempre eróticas e nascem de um desejo, já as segundas intenções têm como objetivo um fim. É justamente a troca de desejos por fins que nos obriga a vestir-nos, pois o corpo não é mais objeto de um desejo, mas de uma utilidade. Ser e usar se tornam indiscerníveis.

Fomes, apetites e atravessadores

Quando os desejos se tornam fins, isso significa que eles estão sendo manipulados. Os desejos sempre serão encontrados de forma pura e bruta nas duas naturezas humanas: por um lado, pelo corpo, produzirão fomes e, por outro, pela alma, sintetizarão apetites. No entanto, vamos conhecendo, vida afora, a distorção da fome, que passa a ser manipulada pela identidade.

Nessa condição ela se torna uma forma de bulimia onde a ingestão intensa é uma segunda intenção acrescida à fome. Trata-se então de uma fome moral, quando o desejo se torna obsessivo e compensatório. Ou de uma fome que ganha forma de segunda intenção por meio de um apetite maldoso, que é um apetite atrelado a um fim ou um apetite por presença.

No *Midrash* é feita uma interessante analogia entre as relações diretas, desnudas com a vida, e as que passam a ser gerenciadas por um intermediário interesseiro:

Reb Ishmael comentou: As questões da alma e do corpo podem ser comparadas à situação de um rei que tinha uma plantação de figos especiais e que incumbiu dois deficientes, um que era cego e outro que era aleijado, para tomar conta da plantação. Depois de algum tempo, o rei avisou que já havia figos maduros. O cego disse ao aleijado: "Leve-me até os figos porque não posso ver!" O aleijado retrucou ao cego: "Mas eu também não posso ir porque não posso andar!" Então o aleijado subiu nos ombros do cego e eles comeram dos figos.

Passado um tempo, o rei cobrou: "Onde estão os figos?" O cego disse: "E como vou saber? Eu sou cego!" O aleijado também se desculpou: "E eu, como vou saber? Eu sou aleijado!" O rei, porém, era esperto; carregou o aleijado, colocou-o sobre os ombros do cego e disse: "Foi assim que comeram os figos!"

Da mesma forma acontece no mundo vindouro. Deus pergunta para a alma: "Por que pecaste contra mim?" A alma responde: "Não fui eu que pequei, foi o corpo; prova é que quando saí desse corpo, me tornei esta essência inocente e pura!" Deus então questiona o corpo: "Por que pecaste contra mim?" E o corpo se defende: "Não fui eu que pequei, foi a alma. Prova é que depois que ela partiu estou aqui inerte no chão como uma pedra. Como poderia ter pecado?" E o que faz Deus: Ele pega a alma e a recoloca sobre o corpo para depois julgar a ambos conjuntamente. (Lev. Rab. IV,5)

O corpo tem pés porque tem acesso direto ao que é prazeroso pela via concreta da fome. Os pés são a fonte de toda fome e são o seu recurso principal para saciá-la. O corpo nos leva à pujança e ao vigor. Já a alma, por sua vez, tem olhos porque ela é a mãe dos apetites e a fonte de todo apetite é a visão. Como a alma está sempre direcionada à fonte da vida, sua visão nos renova e restaura. No entanto, o que pareceria ser uma ingênua acoplagem de capacitações para dar conta de limitações atropela a intenção original da fome e do apetite. Quando a alma monta nos ombros do corpo, esse atrelamento cria o Eu. O Eu representa a transformação da fome e do apetite num fim ou de uma primeira intenção numa segunda. Desde o começo, os figos estavam lá para serem comidos. Porém, como o Eu não consegue consumi-los, a segunda intenção estabelece um furto em clima de malícia em vez do ingênuo usufruto da vida.

No relato bíblico do Êxodo, quando os israelitas perambulam pelo deserto por 40 anos, há uma clara descrição do *yetser ha-rá* sob a metáfora da fome-apetite. Dos céus descia, todos os dias, o alimento divino, o *maná*. Segundo o *Midrash*, o *maná* tinha valor nutritivo capaz de manter um adulto bem alimentado e tinha também o gosto da comida que se quisesse estar comendo; bastava imaginar e lá estaria o sabor desejado. No entanto, o povo clama ao líder Moisés por carne. Eles não querem apenas a nutrição ou o paladar, eles querem a textura da comida. Eles desejam acima de tudo empanturrar-se de comida, desejam as fibras entre seus dentes e o fastio do preenchimento. Nesse lugar onde não há mais desejos, onde estes foram substituídos por fins, proliferam as segundas intenções. Elas precisam alimentar o Eu de presença, seja pela permanência, pela independência ou pelo controle. As segundas intenções estão justamente no lugar oposto ao dos desejos, uma vez que estes habitam no território da impermanência, da interdependência e da entrega.

O Eu estará sempre produzindo pensamentos obsessivos, falas maldosas e feitos ambiciosos para engordar sua presença. Estará sempre intermediando entre as fomes e os apetites, tentando garantir a fibra, a matéria, que pode lhe oferecer textura. O lugar da materialidade não é a fome ou o apetite, mas a finalidade estabelecida pelo atravessador em seus esquemas. O que parecerá inventivo e criativo nada mais é do que um vício dissimulado. O Eu interferirá em nosso querer confundindo o desejo com aquilo que desejamos querer. Daí seu querer ser uma finalidade. A materialidade não é o figo, objeto tanto da fome quanto do apetite. A materialidade, que dá consistência ao Eu, é o recurso de acoplar a alma aleijada sobre o corpo cego e dar-lhe poder. Seu objeto nunca é algo passível de ser saciável, porque a textura está na sensação de ilimitado e na impressão de inesgotável.

Por essa razão, a segunda intenção é sempre abominável. Quando alguém corteja outra pessoa com segundas intenções, ela não está querendo o "figo", o saciar da fome ou o deleite de um paladar que sacia o apetite. A segunda intenção é um ato de poder, de apoderar-se do que existe na vida para dar-lhe textura e presença. Em vez da existência, que é um ato de troca e interdependência, a presença canibaliza o outro em posse e consumo.

Assim o Eu vai manipulando as fomes e os apetites, enredando-os em tantos reflexos quantos forem possíveis para que com estas imagens tenhamos a ilusão de controle sobre nossa presença. O nível de satisfação de seu truque será tão alto quanto mais sofisticado for o indivíduo que o produziu. A única saída deste labirinto é a percepção das segundas intenções. Através dessa percepção podemos flagrar a presença deste Eu intruso, do impulso moral ou maldoso em ação, e reconhecer que ele não nos representa. Os nossos arrependimentos serão sempre a dor de termos delegado a ele nosso ser.

Nas leis do divórcio judaico, por exemplo, aquele que se separa e se casa com outro e depois se separa e quer casar de novo com o primeiro cônjuge é impedido de fazê-lo. Há o sagrado do casamento e há o sagrado do descasamento – e só.

Neste preceito há o reconhecimento de que nunca mais será possível um casamento verdadeiro porque a primeira intenção foi perdida definitivamente e depois disso uma segunda intenção sempre prevalecerá. A primeira intenção não é o cálculo ou a estratégia do que é melhor, mas a fome por algo e o apetite por uma promessa.

Este é o labirinto que mais nos enclausura. Não importa tanto o ato, mas sua intenção. Qualquer primeira intenção será legítima e nunca perversa. Poderá ser danosa, com certeza, ou ir contra nossos interesses, mas não estará tentando enganar deliberadamente aos outros e a nós mesmos. Aqueles que relutam em aceitar isso não se dão conta de que podemos fazer uma mesma coisa seja por amor ou por ódio. Aquilo que jaz na intenção será o único parâmetro real para sairmos do labirinto de nossa identidade e expormos o que é velado.

Daí o surgimento de toda uma escola de pensamento e prática que visa revelar justamente *aquele* que é velado. É preciso vestir o capeta, o *yetser ha-rá*. É preciso dar silhueta e contorno ao Eu para poder apontá-lo como uma entidade distinta de quem somos em nosso âmago. E é apenas pela vestimenta que podemos nos ver mais nus, denunciando aquilo que tem de ser ocultado. Todas as vezes que nos pegarmos arraigados numa intenção moral ou numa intenção maldosa, estaremos flagrando o Eu, e é assim que oportunidades de ações e pensamentos autênticos se farão possíveis.

Vestidos dentro de nós estão quatro personagens: aquele que você pensa que é; aquele que os outros pensam que você é; aquele que você pensa que os outros pensam que você é; e aquele que você gostaria que pensassem que você é. A distância entre estes quatro "vocês" detecta a influência de segundas intenções num indivíduo. Quanto maior essa distância, maior será sua necessidade por garantir presença e maior seu custo em termos de existência. Essa pessoa jurídica da qual cada um se veste na vida não tem a ver apenas com o personagem que assumimos, mas com a apropriação de ideias. Às vezes ficamos tão apaixonados por ideias e por aquilo que podem oferecer a nossos interesses pessoais que as exaltamos para além do que deveríamos e temos dificuldade de abandoná-las. No entanto, ficar engatado ou vestido de ideias e decisões que já perderam a validade tem um custo existencial tremendo. O apego a estas decisões nos leva a fazer aquilo que não queremos ou deixar de estar junto daqueles que mais gostaríamos de estar.

Esse é o primeiro mito do texto bíblico. Adão e Eva não saem do Paraíso porque exercem seu livre-arbítrio. Eles saem do Paraíso porque escutaram não a si, mas ao outro. A serpente é a segunda intenção. Comer do fruto proibido é um engano plenamente tolerável para um ser que não tem compromissos com a perfeição. A falibilidade humana deveria ter tornado o pecado original irrelevante. Porém, o ser que maquina fins utilizando seus desejos, o ser que se deixa levar pelo olhar-fala do outro-serpente e se perde no labirinto de sua identidade, esse ser encontra o Eu. Quando Deus pergunta a Adão: "Onde estás?", Ele não o vê, ou melhor, Ele não o reconhece.

Tal pergunta não se refere à posição geográfica de Adão. Deus não teria dificuldade de localizar Adão, e a indagação é claramente uma pergunta dirigida para Adão fazer a si mesmo. Mais do que se ocultar, Adão desaparece, e Deus registra isso no campo da existência. Enquanto Adão pensa ter adquirido em sua consciência uma presença nunca antes experimentada, Deus dá falta dele na esfera da existência. Adão e Eva somem do radar da existência porque querem se fazer deuses presentes. É essa localização de GPS que os erradica do Éden. No jardim original não havia longitudes e latitudes nas quais se posicionar. Onde quer que se estivessem, Adão ou Eva eram o centro do universo. Mas agora o homem estava no canto, na periferia absoluta do universo, e lhe parecia que este era o seu lugar, o seu cantinho – um lugar possuído e assediado como seu.

Para alcançar esta profunda metáfora de nossa condição temos que entender que a árvore proibida não era realmente um interdito definitivo. Essa sempre foi uma questão para mim: por que gerar uma árvore tão encrenqueira e situá-la no centro do Paraíso? Uma melhor gestão do Gênesis poderia ter evitado tanto transtorno. No entanto, a árvore, se existia, era para ter seu fruto consumido. Tal como na história da plantação de figos, a questão não está no usufruir do fruto, mas na intenção contida nesse ato. Deus não mentiu – comer do fruto da árvore com a intenção que indica a serpente mataria o ser humano. Assim acontece com tudo o que é usufruído antes da maturidade correta, pois acaba não produzindo prazer verdadeiro e existência, mas poderes e, com eles, perplexidade. Quando Maimônides escreve seu clássico *O guia dos perplexos*, estava tentando dar direção ao conturbado espírito humano, que não sabe responder a "Onde estás?". Poderosa e perplexa foi a escolha de nossa humanidade. Como se a serpente convidasse um imaturo a usufruir de algo disponível para uma fome e um apetite futuro. Como levar uma criança a interessar-se por uma sexualidade que não lhe diz respeito ou apresentar uma verdade diante de um corpo que não sabe absorvê-la. Na vergonha do casal original há algo de quem come cru, de quem se precipita e desperdiça. Todo aquele que se precipita e desperdiça fica envergonhado. Diferente do ato de errar, que é fazer algo equivocadamente, ficamos mais sem graça quando fazemos o certo na hora errada. Teremos muito mais dificuldade em consertar este último engano porque é mais sutil a sua fraude. Se o erro é um estado de desacerto de uma primeira intenção, a precipitação ou o desperdício tendem a ser manhas e ardis de um sujeito com estratagemas e fins, denotando segundas intenções.

Talvez Adão tenha que se vestir não para se ocultar; talvez Adão tenha que se vestir para poder reencontrar a si mesmo. Porque vestido, demonstrando ao mundo que não é transparente, mas, ao contrário, um ser com muitas máscaras, poderá fazer uma melhor auditoria de seus feitos, falas e pensamentos. Talvez o mais nu dos humanos seja um ser humano vestido; plena e contundentemente vestido.

A vestimenta é a marca de Caim, as cinzas na testa, mensagem para o outro de uma loucura que não pode ser percebida na rotina, mas que deve, a qualquer custo, ser guardada como memória coletiva: somos loucos. Essa é a única chave para sair da perplexidade.

Pergunta o filho do Rebe de Kotzk: "Pai, se podemos sonhar e acordar, como podemos saber se quando estamos acordados não estamos sonhando?" O pai então responde: "Não podemos, meu filho... Mas enquanto você tiver a consciência dessa pergunta haverá alguma dimensão de lucidez e a certeza de que está acordado!"

Ao não nos apresentarmos diante do mundo nus, estamos dizendo que somos, em algum grau, dissimulados. Ao nos vestirmos, realçamos nossa opção por não sermos totalmente transparentes. Afirmamos ao outro que a intermediação de nossas relações é feita por um Eu: um Eu de cá, da minha parte, e um Eu de lá, da parte do outro. Se você quiser saber quem habita em mim terá que me desnudar. Não se esqueça em momento algum de que aquele com quem você dialoga, negocia e interage não é a essência, mas uma exterioridade com fins e objetivos, perplexo em relação a suas fomes e apetites. Perder esta consciência é estar louco. A vestimenta é o mais gritante e insofismável ato de lucidez humana. Damos, assim, contorno ao capeta, e promovemos em nós e nos outros a sanidade mental para tomarmos as precauções necessárias nas relações entre um Eu e os outros Eus.

Autocentramento e perdição

Estamos tentando relacionar dois personagens que só existem juntos: o Eu e o demo. Nas crenças mais primitivas, o "demônio" era o gênio inspirador que presidia o caráter e o destino de cada indivíduo. Era ele quem habitava no corpo humano. O radical *demo* significa "povo", tal como em *demo*cracia. Tratava-se, portanto, daquilo que povoa a nós mesmos. Quando temos uma experiência de realização, costumamos chamar este que nos povoa de Eu, mas quando experimentamos a frustração e a culpa, este que nos povoa toma contornos demoníacos. Na mitologia judaica, isso aparece como o Outro-Lado (*sitra achra*), o-mesma-coisa-ao-inverso. Esse Eu que é um Outro dentro de nós é apavorante. Na mitologia cristã, ele aparece como Lúcifer, o anjo ou príncipe das trevas. Mas Lúcifer é a "luz da manhã" associada à Vênus, a estrela da manhã. Essa transmutação entre um sujeito familiar e íntimo num supremo estranho (outro lado), ou da luz em trevas, é a representação diabólica de ser meio homem e meio animal. Esse bicho que acaba aparecendo por detrás da identidade é o que não se consegue vestir. A pata de cabra, a ponta da cauda, o chifre ou a orelha pontiaguda apontam para algo que não se consegue ocultar.

O que estes mitos e metáforas tentam reproduzir é a relação entre autorreferência e perdição. Normalmente "perdição" tem o sentido de tentação, de algo que nos desencaminha. Porém é neste lugar ambivalente de se achar e se perder que está a experiência primeva com o impulso moral e maldoso das segundas intenções. Nele acontece o efeito espelhado que a partir do caráter e da silhueta nos oferece presença e, ao mesmo tempo, nos onera em ausência e inconsistência. Ou, como caracterizou Reb Nachman, quando prevalece o sentimento de que a amada se mostrará uma assassina, chega-se a um emaranhado irreversível do sentido e do prazer da vida com a morte e o vazio. Ou seja: seiva e veneno num mesmo cálice.

O Eu nos explica e nos reduz de tal forma a seus interesses que não mais nos reconhecemos nele. Nossas crises são sempre a inconciliável condição entre forma e essência, lugar onde o sujeito se desvirtua em monstro. Esse lugar perdido, extraviado de nós mesmos, está na palavra "diabo", em seu sentido popular: "que diabo trazes aí?", ou "que diabo ele falou?". Há uma malícia de ausência ou de algo dissimulado, uma falta que se instalou no coração de uma presença.

Na tradição muçulmana um momento de decisão ganha também este contorno. Às vezes estamos tão divididos numa questão que passamos do ponto de poder gerir nossas escolhas. O nosso sujeito, que por definição responde por nossos interesses, se perde de si mesmo e, seja lá o que decidir depois de passado esse ponto, terá sido a decisão errada. A importância de tomar a decisão correta oblitera o desejo, fazendo com que o controle que quis dar cabo da incerteza e do risco eclipse o sujeito. As segundas intenções não são mais discerníveis das primeiras. Não há o que se fazer – e terceiras, quartas ou tantas mais intenções não reverterão à primeira. Os objetivos se fundem com os desejos e deste empapado nunca mais resgatamos o sumo de nós mesmos. Gestor e ser se confundem numa experiência que não é mais a existência, mas uma trama.

Num relato ilustrativo, um discípulo vem ao Reb David de Lelov buscar aconselhamentos sobre sua vida dizendo enfrentar problemas com a mulher, com os empregados e com os filhos. O rabino ouviu e disse: "Por que você pergunta para mim? Pergunte a si mesmo."

Confuso com a resposta do mestre, ele de pronto se lembrou de um ensinamento do Baal Shem Tov, que dizia: "Se você tem problemas com os empregados é por conta de suas ações equivocadas; com sua mulher, porque não soube controlar sua língua; e, com os filhos, porque se perdeu em pensamentos estranhos." De imediato, o discípulo entendeu que para melhorar as coisas no mundo externo tinha antes que organizar as coisas no mundo interno.

Toda relação que temos com a realidade é sempre determinada pelo cenário interno. Reb Nachman de Bratslav dizia: "Onde quer que os nossos pensamentos estejam, é lá que estamos." Não conseguimos interagir com nada sem que a essência desta experiência seja colorida ou influenciada pela identidade. No mundo concreto, físico, os cientistas já se convenceram de que qualquer investigação que entre em contato com o DNA humano se conspurca de significados próprios e se transmuta de fato em versão ou em metáfora da realidade. Esse DNA de intenções próprias contamina qualquer intenção da natureza com que entre em contato. Já no mundo psíquico (da fala), diz o Baal Shem Tov, estaremos sempre instilados com malignidade e devemos estabelecer contenções para ela.

Se não temos este cuidado, a fala se fará o discurso de um ser maligno, um coisa-ruim. E até mesmo o pensamento, que é essencialmente o nível mais interno – já que ações e as falas estão num lugar interativo, fronteiriço entre dentro e fora –, vai se impor à realidade e a manchará com nossa presença. Isso porque nos pensamentos está a identidade autocentrada que, feito um fantasma, impõe tinturas próprias às cores originas e autênticas da realidade. Estes pensamentos sarnentos, espíritos de porco e mal-encarados contaminam com seu jeito tinhoso toda a existência.

Em parte, a luta contra a perdição, que significa perder-se na própria presença, é a excomunhão do Eu sem que ele tenha que ser banido ou erradicado. Como vimos, perder o Eu seria perder o *chalya olma*, a libido e o cerne da vida. E a vida não tem bênçãos pela metade, ou seja: para sermos, temos que acolher o Outro Lado. Não há como ficar apenas com Esse Lado para haver existência. Daí o drama de querermos estar presentes na vida, ao que chamamos de consciência. Mas a presença parte o ser e o obriga a viver na ambivalência de ser e estar – algo irremediável, pois a vida não negocia pelo simples fato de que ela não tem segundas intenções. A vida é, por definição, a intenção, primeira e única. Ela nunca será uma versão ou uma racionalização, como pedem os rabinos moralistas que querem conter o *yetser ha-rá*, ou uma versão maldosa, como querem os rebeldes tentando acordos com o *yetser ha-rá*. São ambos moralistas e maliciosos porque não há outro lugar para habitar fora do Jardim do Éden senão na moral e na malícia. E é disto que estamos tratando: do cenário de nossas existências que é o território não mais da vida, mas do Eu.

Por isso podemos dizer que a moral suprema está na premissa de que temos que pertencer a alguém. O Eu ocupa nosso sujeito por conta deste corolário da consciência. É daí que o Eu arranca de nós legitimidade para exigir o poder que lhe concedemos. Este conceito surge com o nascimento, quando nos conhecemos como pertencentes à nossa mãe (ou pais) e à medida que nos são impostas autonomia e independência, cabe a cada um inventar sua entidade-gerente a quem pertencer. Por isso somos como que possuídos por nosso Eu. Essa possessão é a ambivalência constante entre sobrevivência e extinção. De forma concreta pertencemos a nosso nome, a esse diabo – esse se-sabe-não-se-sabe. Ele nos convence porque personifica uma identidade mais sólida e configurável do que a essência que nos surpreende pode oferecer. Essa presença que nos parece inegociável tem como custo a perdição. Ela é o epicentro de toda moral e malícia porque a mãe de toda moral e de toda malícia é a ideia de que nos pertencemos.

Entre maroto e cabotino

O aspecto mais labiríntico das segundas intenções é que elas são uma moral ou uma malícia e podem se manifestar tanto no vício quanto na virtude. A existência verdadeira, não moral, é experimentada apenas numa inequívoca linha, num comprimento sem qualquer largura. Basta um ínfimo desvio para um lado e se estará no território do Eu-moral sob o comando da malícia; um desvio para o outro lado nos colocará no território do Eu-moral sob a influência da bondade enganosa. O primeiro ludibria prioritariamente o outro, fazendo parecer que acolhe os interesses deste quando cuida apenas dos seus. O segundo engana prioritariamente a si mesmo, fingindo zelar pelos interesses do outro quando se preocupa apenas com os seus. O primeiro é o Eu que abusa do outro; o segundo o Eu que manipula o outro. Ambos são segundas intenções (*yetser ha-rá*) avançando na conquista de seus interesses ora com os recursos do mal, ora com os recursos do bem.

Estas duas manifestações do Eu têm por função controlar nossas vidas por meio de finalidades em vez de quereres. O primeiro é o maroto vulgarmente admirado por sua esperteza. Seus traços são os de um tratante e sua representação no imaginário é a da hiena. Ele nunca conhecerá atos gratuitos ou fortuitos, ao contrário, haverá sempre outro intento oculto, uma estratégia para o avanço de seus próprios fins. Daí o sorriso da hiena, que é o sorriso da segunda intenção, cacoete incontrolável da presença. Toda vez que houver presença em vez de existência haverá um sorriso maroto nos lábios.

O segundo e talvez mais rico, por sua sofisticada camuflagem, seja o aspecto cabotino do Eu-moral. Sua característica está em exagerar nas virtudes para obter elogios e aceitação. Exteriormente parece respeitar as etiquetas e os bons costumes, mas o faz com o intento utilitário, e sua representação no imaginário se faz através da figura da raposa. Seu esforço é o de agradar o outro. Esse Eu assume a personalidade do cordato e daquele que não quer criar problemas, sempre tentando agradar e satisfazer o outro. No entanto, não o faz para oferecer prazer ou bem-estar ao outro, mas, ao contrário, visa controlá-lo. Buscamos nos assegurar de que agradando o outro poderemos ficar em paz com ele, mantendo-o, de alguma forma, neutralizado. Porém esta paz é falsa. Internamente, ficamos repletos de ódio por termos o inconveniente de administrar o outro. Esse outro nos rouba energia e tempo e terá conosco uma dívida por conta do peso que nos causa. Já no espaço externo, aquele que é manipulado fica magoado porque percebe que não há amor nesse esforço por agradar, mas apenas o exercício de poder. Pensamos que podemos nos safar porque as pessoas não perceberão o que está por trás de nossas ações. Mas estamos enganados.

Temos sorte quando um amigo maduro é capaz de interromper este jogo de segundas intenções desnudando o Eu com a sensibilidade necessária para que seu flagrante não seja um trunfo de poder do Eu existente no amigo. Quando isso acontece ficamos livres para reagir de maneira diferente e o Eu perde força em nós e nos outros. Ficamos mais próximos das primeiras intenções e, com certeza, esse é um dos poucos antídotos que temos contra o *yetser ha-rá*.

É claro que não podemos esquecer que, tal como um vírus, a malignidade do *yetser ha-rá* pode desenvolver resistências a essas estratégias. E a guerra é travada justamente nesse lugar criativo onde remédios antigos e já utilizados têm sua validade vencida. A vida é uma dinâmica constante. Sempre teremos que batalhar para ver o que antes não enxergávamos e o que já enxergamos também estará à disposição da moral. Seja qual for a tática empreendida, a moral a reconhecerá e produzirá uma defesa em resposta. Por isso nunca ficamos espertos demais e a raposa utilizará quantas voltas forem necessárias para retornar a seu lugar interesseiro.

Seu grande capital político é que o Eu nos *re*presenta e nos *a*presenta. Ser dono de nossa presença não é pouco poder no contexto de uma comunidade consciente, competitiva e individualista. Ninguém terá coragem de abrir mão em demasia deste aliado que em verdade nos alicia. Sua promessa de proteção e amparo tem sempre duas caras e preços embutidos. Por um lado, o Eu é o agente sempre alerta para que outros não nos trapaceiem, nos usem ou nos maltratem. Sua justificativa é alicerçada na ameaça que o outro representa e sua autoridade emana da promessa de ser como um sistema imunológico que protege a identidade. O Eu atacará e isolará toda a tentativa invasiva de outra identidade. Ele ocupará o nosso ser e, aquartelado, nos garantirá que a presença não nos seja roubada. Entorpecidos pelo serpenteado de suas falas, acedemos a essa moral que parece incontestável: de que alguém tem que nos possuir e que devemos pertencer a alguém. Não há outra forma alternativa de se experimentar a vida. Perder nossas intenções particulares, nossas segundas intenções, seria perder o Eu e deixar a identidade à mercê do primeiro aventureiro. O Eu então veste seu uniforme maroto e monta sentinela nos portões das relações e interações.

Mas além da ameaça externa, o Eu se faz também síndico de nosso próprio patrimônio, (in)vestindo-se da autoridade de inspetoria para garantir que nenhum material espontâneo ou autêntico irrompa dentro de nós. O Eu passa a gerenciar também todo um regulamento interno daquilo que nos é próprio. Condutas, falas e pensamentos têm que passar por seu crivo. Sua segunda função, a cabotina, oferece a garantia de que não vamos ser vexados ou degradados por convulsões que derramem material das profundezas de nosso ser sem que antes estas tenham passado por uma triagem. Os portões da existência passam assim a ser censurados e dessa forma evitamos que se prejudique a nossa presença. Este é o serviço adicional que nos presta o Eu. Ele é o conservador de nós mesmos e sua responsabilidade é nos preservar de mudanças bruscas – externas ou internas.

Morremos de medo do Eu porque ele nos chantageia o tempo todo. Sempre ameaça desistir se algum aspecto do seu poder for questionado.

E assim o Eu nos convence a aceitar sua proteção. O Eu se faz uma milícia, um estado de prontidão, uma polícia apócrifa, que nos protege ao custo de nos entregarmos absolutamente a ele. Sua inautenticidade está no fato de que não é realmente um instrumento de qualidade, mas de controle e poder. Tal qual uma milícia, o Eu é a legalidade que se impõe pelo medo e pelo constrangimento: protege e achaca ao mesmo tempo. Nenhum de nós quer estar exposto ao perigo das ameaças externas e o Eu desfila o lado moral-perverso como arsenal defensivo. Da mesma forma, nenhum de nós quer se expor ao magma de nosso ser pelo qual vertem surpresas que podem nos deixar mortificados diante da possibilidade de ter que incorporar esse novo material à nossa identidade. Então, se quisermos ousar com independência, a milícia nos ameaçará com toda sorte de "catástrofes por acontecer"; se, por outro lado, nos permitirmos espontaneidade, então a milícia intimidará com o perigo da promiscuidade, do sujo e do vergonhoso.

É por conta desta relação difícil com o Eu que estaremos muitas vezes encurralados. Por um lado, nosso mau comportamento em relação às expectativas do Eu terá o sabor de um desamparo. Por outro, o nosso bom comportamento nos deixará decepcionados conosco, fazendo-nos experimentar a sensação de que qualquer compromisso é um excesso, uma manifestação de nossa covardia em não transgredir.

CAPÍTULO II

PEGANDO PELO RABO

Cegueira – O ocultamento em cadeia

O *yetser ha-rá* é o crime interno organizado. O crime organizado não é senão a malignidade de entranhar-se em tecidos sadios da sociedade, buscando torná-la sua refém utilizando meios falsamente legítimos. No nosso caso, o Impulso faz refém nossa autenticidade. Como um mecanismo de autopreservação, o impulso moral busca se alojar não com a delinquência e a marginalidade, mas enredado na legalidade.

O *Midrash* faz a seguinte comparação: "Isso se assemelha ao caso de um homem que rouba sacos de trigo e que mói o trigo, prepara a massa, assa o pão, retira uma porção para os pobres e alimenta seus filhos. Cumpre nos mínimos detalhes com suas obrigações e até mesmo se preocupa em fazer uma bênção antes de comer o pão. No entanto, por mais que tente refinar e mascarar esta farinha, ela nunca se fará uma bênção e sim uma blasfêmia."

Não há "lavagem", reciclagem ou reabilitação possível daquilo que começa torto sem que o ilícito seja assumido e que providências sejam tomadas. Na verdade, as distorções podem ser infinitamente incrementadas. O grau de malícia está exatamente no coeficiente de camuflagem aplicado ao que é distorcido. A transparência da malícia infantil, por exemplo, vai sendo gradualmente sofisticada em emaranhados de verdades contaminadas de mentiras, o que as acoberta cada vez mais. Em dado momento, ninguém saberá se você vai a Minsk quando diz que vai a Minsk. Ainda que se vá a Minsk, não há mais transparência, e até mesmo os atos perdem a conexão com qualquer primeira intenção. Mesmo que se vá a Minsk, o ato de ir já não garante que você de fato o fará. Ou seja, os atos passam a não mais garantir a presença e isso nos desequilibra. Quanto mais confusos em nossas segundas intenções, menos poderemos nos fazer representar por nossas atitudes ou por nossa conduta. No emaranhado de intenções e contraintenções, nossas fomes e apetites ficam corrompidos e nos faltamos a nós mesmos.

O ocultamento em cadeia implica a perda da noção do que é visível. A cegueira passa a ser não apenas a perda da visão, mas das visões. Se a realidade se torna plurimentirosa, o que se vê não é o que é, e assim ficamos cegos. Torna-se parte de nossa vida não ver. O Talmude usa esta metáfora de forma sensível:

> Rabi Eliezer convidou um homem cego para sentar-se à cabeceira de sua mesa. Todos comentaram: "Deve ser alguém importante, senão Rabi Eliezer não o colocaria na cabeceira da mesa!" Por ser tratado com tamanha deferência, o convidado cego ficou curioso e perguntou: "E por que me tratam assim com tanta consideração?" Responderam: "Ora, porque o rabino o colocou na cabeceira da mesa!" O cego, então, exclamou: "Rabi Eliezer demonstrou grande compaixão para com aquele que pode ser visto, mas que não vê. Possa aquele que vê, mas não é visto, ter piedade de vocês!" (Talmude Peah 21b)

A ironia da colocação é que, na metáfora, os cegos são, em realidade, aqueles que nutrem segundas intenções. Deus, a fonte de todas as primeiras intenções, é Aquele que tudo vê, mas que, exatamente por isso, não é visível. Porque o que é visível atende ao que se quer ver. Assim como as bênçãos da vida *(chalya olma* – a libido) nunca são parciais ou nunca se manifestam sem suas arestas para caber em nosso projeto de controle, assim Deus é invisível porque não atende aos desejos políticos de nosso olhar. O cego, por sua vez, aquele que é visto, mas que não vê, está mais equipado para lidar com os ocultamentos e com as dissimulações humanas dos que aqueles que enxergam, justamente porque não julga a partir daquilo que vê.

Em outra passagem similar, lemos:

Rabi Hoshaia contratou um homem cego como tutor de seu filho. Todas as noites, o professor era convidado para jantar à mesa com o rabino. Certa vez, Rabi Hoshaia recebeu um convidado ilustre em sua casa e não estendeu o convite ao professor. Terminado o jantar, foi pedir-lhe desculpas: "Caro professor, não se zangue comigo, mas estava com um convidado que pouco conheço e quis evitar que sofresse alguma discriminação, ou que não lhe tratasse com a consideração que merece. Por isso não o convidei a compartilhar da mesa conosco." Então o professor cego disse: "Você foi perdoado por aquele que é visto, mas que não vê. Possa aquele que vê, mas que não é visto, também perdoá-lo!" (Tratado de Peah 21b)

Novamente temos aqui segundas intenções em marcha. Rabi Hoshaia, aparentemente em nome de valores que lhe parecem bons, acha que seu convidado seria discriminado por conta de sua deficiência. No que parece um ato de gentileza e proteção expõe-se, em realidade, a própria dificuldade de Rabi Hoshaia com a limitação do professor. Preocupado com o que seria visto, ele deixou de legitimar o que via. O professor, sagazmente, oferece a oportunidade de desfazer tal encadear de ocultamentos. É como se dissesse: "Não é que você não queria que eu fosse humilhado, você mesmo me humilhou antes de correr este risco." Por isso o professor perdoa Rabi Hoshaia apenas na condição de quem é visto, mas que não vê. É como se dissesse: "Você acha que eu não vejo, mas você, Rabi Hoshaia, é que não vê. Vou ajudá-lo a ver justamente porque minha condição é cega para a superfície, mas tem visão para o que há no interior. Por isso só posso desculpá-lo na categoria daquele que não vê, mas que é visto. Já, porém, na esfera daquele que vê, mas não é visto, a coisa é diferente e vai requerer mais esforço para desfazer os nós dos emaranhados de imagens e autoimagens de confusão que se revelaram no incidente."

O encadeamento de dissimulações que se acoplam a pretensas boas intenções é a fibra que dá materialidade ao Eu. Se desnudássemos totalmente este Eu dc camuflagens, ele se extinguiria. No entanto, apesar de compreendermos que isso é um obstáculo, também já sabemos que não se deve perseguir a meta de desqualificá-lo ou extingui-lo. Porque não se pode subjugar totalmente o Eu sem impactar a consciência e as características importantes de nossa humanidade. O empenho então não é por erradicar, mas torná-lo mais perceptível, desnudado de sua escaramuça para que possamos oxigenar de verdade nossas vidas. Acabamos imersos neste constante paradoxo: se eliminamos o Eu ficamos sem presença, mas se o deixamos livre e solto ele nos rouba a existência. Se exagerarmos na tentativa de reprimi-lo, então terá sido ele mesmo que nos enganou e que já assumiu o comando das ações. Sua estratégia de poder será aquilo que originalmente foi planejado para restringi-lo. Sua excelência política é tal que ele fará oposição a si mesmo quando isso for lucrativo. Não haverá causa que ele não encampe, pois é capaz de canalizar toda a criatividade de nosso potencial imaginativo não para nos transformar, mas para camuflar.

Essa é a invisibilidade que o impulso moral alcança. Ele se esconde atrás de nós, de nossas intenções. Olhamos por trás da intenção e ele se esconde por trás de uma intenção anterior, causa da última. As segundas intenções permitem a existência do território da camuflagem que tanto interessa ao Eu. Nunca encontraremos esse Eu em campo aberto, porque ele é o contrário da nudez. Como um vampiro que não tem tolerância à luz, o turvo e o nebuloso são seu habitat. Daí a qualificação do cego em perceber e flagrar o *yetser ha-rá*. É como se sua cegueira fosse uma aptidão ótica, um raio infravermelho que detecta presenças e movimentações do *yetser ha-rá*, algo que a olho nu – quando se está vestido com a ofuscante claridade das múltiplas intenções – é imperceptível.

Assim, parte da tarefa de pegar o danado pelo rabo é enxergar o que não se está vendo. Isso parece complicado, mas na verdade demanda prática e atenção.

Lembro do caso de um psicanalista socorrendo uma mãe desesperada porque o filho a ameaçara com uma faca. Estavam discutindo acaloradamente na cozinha da casa quando, colérico, o filho ergueu uma faca para a própria mãe. A mulher estava inconsolável: como poderia olhar de novo para aquele filho com amor? Não lhe saía da cabeça a cena da faca levantada, pronta para feri-la. O terapeuta então perguntou: "Mas o que foi que fez com que ele não a esfaqueasse?" A mulher, a princípio, pareceu não entender o que lhe era perguntado. O terapeuta então completou: "Você diz que não consegue tirar de sua mente a cena em que aquele ódio tomou a forma de uma faca. Mas o que foi que deteve a mão de cumprir com o desígnio do ódio?" Ele mesmo então respondeu: "O que a deteve foi o amor. Foi o amor de seu filho que impediu a mão de desferir qualquer agressão." O que o psicanalista estava dizendo é que sempre vemos o ato, mas não conseguimos completá-lo com seu desdobramento, com a parcela não visível.

O psicanalista apontava para as segundas intenções presentes no olhar da mãe. O foco de sua reclamação era o Eu, e a vitimização em relação ao acontecido impedia que registrasse as primeiras intenções. Claro, o visível (objeto das segundas intenções) será sempre mais forte que o invisível. Daí a imunidade do cego, que não precisa argumentar com "visões" recorrentes que certificam as miragens da vida.

Em *Midrash Rabba* nos é oferecido o seguinte ensinamento:

> Quando uma pessoa pensa em fazer algo perverso, não deve ser imputada a essa pessoa a intenção até que o faça. Mas se deseja fazer algo gentil, e por alguma razão acaba não realizando, deve-se considerar como se o tivesse feito. (Salm.30, par. 4)

O ensinamento pode nos ajudar quando estamos sendo engambelados pelo impulso moral. O Eu sempre entenderá a tentativa de ser atacado como a realidade. Para ele, a intenção do outro será engatada em suas próprias intenções e teremos profusões de segundas intenções. Mas há coisas invisíveis e, portanto, fora do escopo de interesses do Eu-moral. Se a intenção foi fazer mal, mas não se produziu, denota a intervenção de aspectos relevantes da intenção original que acabaram se manifestando. Não acolher este invisível é querer ficar no lugar daquele que vê, mas que não se vê.

Na situação inversa há outra armadilha. Sempre que aprendemos algo, queremos aplicar a fórmula e resolver tudo de maneira convencional. O Eu sempre estará nessa forma e será mais rápido do que você mesmo. Lembre-se de que ele é presença pura e você nunca conseguirá chegar ao local do crime antes dele. Até porque o crime é sempre presencial e seu sujeito é o Eu.

É verdade que aquele que teve uma intenção gentil e não a realizou pode ter sido vítima de segundas intenções. Algo que nunca saberemos ao certo. Mas se tentarmos preencher o invisível das ações dos outros, acabaremos fazendo isso com o material das segundas intenções.

O que se vê está diretamente ligado à sensação de assimetria, que para nós é insuportável porque seu oposto, a simetria, é a moral da visão. Essa sensação vem diretamente do Eu, que está gritando dentro de mim, assim como dentro de você: "Mas assim não vale!" Isso acontece porque o aparato óptico do ser humano é feito de cálculos e de junção de imagens. O olho está a serviço do Eu e não há servo mais fiel ao *yetser ha-rá* do que o olhar. A imagem reversa do Eu faz parecer que a assimetria é o grande inimigo de sua visão vinte por vinte. Mas não é assim. Ao cego o Eu não consegue converter nem convencer, pois o cego suporta assimetrias e, com isso, está mais preparado para lidar com as segundas intenções.

Toda vez que nas relações humanas houver assimetria, a malícia nos preencherá de segundas intenções. Essas assimetrias nos levam a convocar a justiça, que é um nível ainda mais profundo de manipulação de segundas intenções. Novamente teremos que identificar o invisível para desmascarar o impulso moral. Por conta das assimetrias evocaremos toda forma de justificativa. O Eu tratará de convocar seus amigos a ouvir suas razões. E elas serão muitas porque o território das segundas intenções é cheio de justificativas. O que se justifica é visível e os argumentos serão sempre imagens que materializarão crimes e pecados. Quanto mais pictóricas as argumentações, mais prisioneiros da visão e da exterioridade ficaremos.

No entanto, se estivermos atentos ao que não se vê perceberemos que toda causa à qual se atrelam inúmeras justificativas denota segundas intenções. O pleito honesto tem uma única justificativa. A proliferação de razões denota que se está querendo pintar um quadro e produzir evidências visíveis e críveis pelos recursos típicos do Eu e da moral.

A única trincheira de defesa de nossa primeira intenção é não abandonar o caminho de si para o outro, recusando-se a fazer o caminho do outro para si. Se intencionarmos fazer o mal, mas não o fizermos, então não haverá evidências que comprovem segundas intenções. Se intencionarmos o bem e não o realizarmos, nesse caso também não teremos evidências de segundas intenções. Porque para pegar o rabo do capeta temos que identificar a suspeição e isolá-la, já que as primeiras intenções não rejeitam a presunção de culpa, mas caracterizam-se pela presunção de inocência.

Visão, a roupa da realidade

A visão é a ferramenta principal do impulso-moral-maldoso. Aprendemos desde crianças que o que é visto é determinante na construção das intenções. "Ah, mas eu vi você fazendo!" é sempre uma prova material, e assim vamos pautando a vida por este preceito maior. O que é visto pelos outros parece determinar o que é verdadeiro. No entanto, isso funciona basicamente de maneira inversa. O que não é visto sempre terá maior materialidade para nossa identidade do que aquilo que se apresenta diante de nós. Distante de olhares, ou na intimidade da consciência, é produzido o material que nos faz sujeito. Nesse lugar, o ser que é visualizado pelos outros com certeza surpreenderia por ser bem mais ou bem menos do que a vestimenta leva os olhos a enxergar. É nesse local auditor da consciência que está Deus, o que tudo vê, mas que não pode ser visto porque é apenas crível, e não visível.

O Eu exalta constantemente a eficiência do parecer, do ser visto. Não que isso seja uma artimanha deliberada, mas como o próprio Eu é uma imagem, um reflexo cuja essência é ser discernido como figura, estará sempre promovendo essa compreensão.

Um discípulo do rabino de Lechovicht queria muito levar um amigo para conhecer seu mestre. O amigo relutava, até que um dia concordou e, ao estar na presença do rabino, entrou em êxtase. Descreveu então ao discípulo que tivera uma visão sobrenatural, pois um halo de santidade emanava do rabino e uma luz nunca antes vista resplandecia do santo homem.

O discípulo a princípio ficou gratificado com os comentários do amigo, mas este sentimento foi gradativamente se transformando numa espécie de inveja. Por tantos anos visitara o rabino e nunca tinha vivenciado algo semelhante. Nunca vira, por exemplo, nenhuma luz ou algo sobrenatural emanar de seu mestre. Perturbado com este sentimento, procurou o conselho do próprio rabino. "Há anos com assiduidade venho vê-lo e nunca presenciei fenômeno extraordinário de conteúdo místico e transcendental. No entanto, trago um amigo, uma pessoa cheia de resistências e na primeira visita que lhe faz já afirma ter visto fenômenos assombrosos... Isso não me parece razoável, não me parece justo."

Então o rabino respondeu: "Não se trata de ser justo. Seu amigo é uma pessoa resistente e, portanto, precisa ver a verdade com seus olhos. Você, por sua vez, é um discípulo, e de você é esperado que confie e acredite." (*Histórias chassídicas*, S.Y. Zevin)

O rabino chama a atenção para a importância de não se confiar na visão. O objeto da visão é a certeza, e o objeto da confiança é a verdade. A certeza está associada à função da presença, do material. A verdade está associada à existência, à essência. Fomos estruturados por visões, por aquilo que vimos. A partir do testemunho sobre o que se viu, cristalizam-se valores e certezas. Mas não foram esses os momentos de maior integridade em nossa vida. Ao contrário, foram os momentos que reforçaram a nitidez do Eu, que moralizaram a realidade, colorindo-a com as visões que garantiram nossos interesses. Por isso fazemos uso das terapias, que nos ajudam a desencavar nossa essência utilizando o recurso de revisitar o passado. Essa estratégia pode parecer muito ineficaz se pensarmos que não há nada para se fazer no passado – o passado já está feito. A única razão para irmos ao passado não é para modificá-lo, mas para restaurá-lo em sua verdade. O passado é feito de muitas coisas que vimos, mas também é constituído de muitas coisas que nos foram invisíveis. Modificar a luz jogada sobre as cenas memorizadas – sem, com isso, alterar um único detalhe do que é real – ressignifica totalmente os fatos sem adulterá-los. Descobrimos assim que o invisível não é inexistente. O que inexiste é o contexto de tudo que é visível.

Não apenas pelas visitas ao passado devemos praticar a capacidade de ver o que os olhos não veem. Também no presente essa prática poderá nos liberar do sentimento de perplexidade e economizar tempo, no futuro, que seria gasto para restaurar o passado.

Reb Baruch era um ajudante do grande sábio de Berdichev. Quando seu contrato de trabalho estava por expirar, o sábio fez a seguinte exigência para renová-lo: Reb Baruch deveria comer do mesmo prato que o sábio. Essa exigência era, na verdade, uma grande honra e, mais do que uma demanda, uma consideração especial. Reb Baruch pediu um tempo para pensar.

Neste meio-tempo, ele ouviu dois mestres comentando sobre um versículo que dizia: "E os sábios vieram comer pão com Moisés na presença de Deus." Um dos mestres perguntou, perturbado: "Mas Deus não está em todo lugar? Por que ter que mencionar 'na presença de Deus'?" O outro respondeu: "Talvez porque na presença de uma personalidade como Moisés os sábios ficassem distraídos e se esquecessem que comiam na presença de Deus!"
Ao ouvir isto, Reb Baruch encontrou a resposta para sua questão pessoal. Ele pensou: "Talvez não seja a melhor escolha comer na presença de personalidades importantes!" (*A Treasury of Chassidic Tales*, Uri Kaploun)

Reb Baruch reconhece que a opção de aceitar a deferência iria proporcionar-lhe maior presença, maior visibilidade à sua pessoa. No entanto, ele é capaz de conter o impulso moral que quer engordar seu Eu com esta oportunidade. Em vez disso, ele se dá conta de que sairia com menos existência desta negociação. No lugar de ganhar densidade e integridade, sua pessoa seria subtraída de algo importante. Dessa forma ele troca aquilo que infla por aquilo que nutre. Imobiliza o *yetser ha-rá*, o impulso ruim, no lugar apropriado – que não é na fonte de sua origem, mas no lugar onde ele, já manifesto, pode ser cego e subjugado sem repressão ou subtração de sua força libidinosa. Ferido, o Eu se sujeita à potência de uma primeira intenção preservada.

Devemos apreciar a qualidade metafórica da espiritualidade porque a Presença Divina está diametralmente oposta à presença humana. O preenchimento de presença de nossa parte nos rouba a existência. Assim fazemos a troca da presença invisível pela presença visível. Quando nos vemos no mundo, não vemos o divino. Quando vemos o divino, não nos vemos.

É muito interessante tentar perceber em nossas escolhas de qual prato queremos nos alimentar. Até mesmo a proposta de alimentar-se do prato de um sábio pode ser uma escolha empobrecedora quando se está diante da oferta do prato da vida. Mas essa troca ignorante é muito comum em nossas vidas, já que somos constantemente assediados pelo impulso moral-interesseiro.

Reb Baruch pega o "cão" pelo rabo. Se tentasse fazê-lo usando critérios e argumentações racionais, provavelmente seria vencido pelo *yetser ha-rá*. O *impulso moral* é sempre mais rápido na raia da racionalidade porque quando sua lógica é percebida ele já está vários lances à frente no tabuleiro, com um xeque-mate engatilhado.

A questão maior da visão é que ela favorece o externo e ofusca dimensões internas. Quanto mais você vê, mais de sua pessoa é o que é visto. O que vemos alimenta a relação de exterioridade, tonificando presenças e debilitando a existência.

Enxergar se transforma num recurso político que vai impondo à realidade nosso interesse maior, que é o da autopreservação. Vamos banhando, assim, o mundo exterior com nossa meta pessoal, que é reforçar a experiência do Eu – de que eu sou, de que eu estou e de que eu posso. O mau-olhado, que é um derivativo do impulso-ao-mau, tem por intenção vestir o mundo pela perspectiva do meu Eu. Nesse ato de vestirmos a realidade, de proteger-nos de sua nudez, estamos adornando a vida de uma segunda intenção.

A saída do Paraíso não foi uma retaliação, mas uma consequência de nosso impulso de começar a olhar e vestir. Primeiro Adão e Eva olharam-se e foram se vestir. Depois começaram a olhar para o mundo à sua volta, e ao vesti-lo, gradativamente, não estavam mais em contato com o mundo real, com o Éden. Seu mundo se tornara subliminar e tortuoso. Múltiplos reflexos faziam parecer o que não era de forma labiríntica. Viver nestas condições fez com que necessidades e desejos fossem saciados sempre de forma indireta. Tomar da vida diretamente, em nudez, tornou-se impossível. E tudo que derivamos da vida vai para nossa presença. Se ganharmos o sustento, o Eu se apodera dos méritos; se obtivermos prazer, já pensamos em como tornar a repeti-lo; olhamos para o bolo e imaginamos guardá-lo para quando tivermos fome. Os desejos se vestiram de fins e a paisagem mudou completamente.

Camaleônico

VESTES SOBRE VESTES

A vestimenta é um efeito reflexo. O reflexo, por ser uma representação invertida indiscernível aos olhos, nos expõe a um reverso. A diferença entre o real e o reverso não é trivial. Ao olho nu parece que o reverso é só algo do outro lado. Mas o Outro Lado é uma condição, não um estado. Seu efeito reflexo é potencializado porque quando não tomamos as coisas como são, quando interferimos nelas, passamos a lidar com magnitudes exponenciais. Aceitar um reflexo aos olhos é convidar tantos reflexos quantos se apresentarem, valendo-se da mesma permissividade. Em outras palavras, não existe apenas um reflexo: ou se está existencialmente diante do que é ou se está presencialmente diante de tantos reflexos quantos forem possíveis.

Certa vez, o rabino de Ropshitz pegou seu filho fazendo uma grande travessura. O menino rapidamente tratou de se defender: "Pai, não é minha culpa, mas de Deus. Foi Deus que inventou colocar em mim o *yetser ha-rá*, cuja única tarefa é ficar me convencendo a fazer coisas horríveis. Não culpe a mim, culpe a Ele!" O rabino, contendo seu riso por conta da argumentação, disse: "Deus te deu um impulso-ao-mau com a intenção de instruí-lo."

"E o que posso aprender com esse embusteiro?!", perguntou o menino.

"Pode aprender a se esforçar e ser perseverante", disse o rabino. "Veja quão zeloso ele é na realização de seu trabalho. Nunca fica entediado ou exaurido de fazer aquilo para o que foi criado, ou seja, seduzir as pessoas a realizarem atos egoístas. Da mesma forma, você deveria ser cuidadoso e fazer aquilo para o qual foi criado, ou seja, para contê-lo."

"Mas você esqueceu algo importante, pai", disse o menino com ares de astúcia. "O impulso-ao-mau faz a sua tarefa assim porque ele não tem dentro de si um impulso-ao-mau distraindo sua intenção. Com a gente é diferente: a cada nova porta que abrimos ele está lá com alguma de suas trapaças." (*Soul and Secrets: Chassidic Stories*, Joseph Patai)

A segunda intenção, quando implantada, gera o avesso do avesso do avesso. É essa característica camaleônica que nos ilude com tanta frequência. Ficamos enredados em pensamentos e justificativas que se multiplicam exponencialmente. Abrimos "portas" novas e, de imediato, ramificam-se novas racionalizações infinitamente. É tolo tentar driblar este efeito utilizando os métodos convencionais de inteligência e atenção. Para aumentar nossa consciência da invencibilidade dos segundos impulsos num desafio direto, vamos dar alguns exemplos de sua agilidade e astúcia. Em alguma instância, estamos tentando ganhar de nós mesmos, e essa tarefa é impossível. Nós contra nós mesmos vamos gerar um empate eterno e insano, com golpes que se contrapõem e se desfazem, um anulando o outro num jogo alucinado. E o empate será considerado uma vitória para o *yetser ha-rá* porque, ao nos ocupar sem deixar-nos triunfar, ele estará nos fazendo presentes e impedindo nossa existência. Ficamos tomados e invadidos numa contenda sem desfecho.

Prestemos atenção em como o impulso-ao-mau se desempenha em ambas as modalidades – individual e coletiva. Na esfera individual, a segunda intenção tem predileção pela camuflagem na humildade. Sua vestimenta é modelada na modéstia justamente para encobrir a nudez de sua ostentação e soberba.

Um discípulo comentou com o rabino de Savran que seu mestre era um homem genuinamente humilde. Segundo ele, o menor sinal de bajulação fazia com que ele entrasse em crise. Quando visitava uma cidade e queriam honrá-lo com deferências, sempre achava que as honrarias eram por conta de outra razão que não ele. Achava primeiramente que estavam impressionados com o belo desenho de sua carruagem, ou que era por conta do vigor de seus cavalos. Mas quando percebia que era a si que homenageavam, então ficava literalmente doente. E sua reação era vomitar diante de tanta veneração e bajulação.

O rabino, que escutava, não se impressionou e desferiu: "Pobre homem! Será que ele não tinha uma maneira melhor de lidar com as honrarias do que vomitar? Só há um método para ser elogiado e não ficar fixado no enaltecimento: acolher o reconhecimento e imediatamente desapegar-se dele. Não foram as honras que o fizeram vomitar, mas sua obsessão pelas honrarias!" (*The Hasidic Anthology*, Louis Newman)

Todo aplauso prolongado causa um efeito ambíguo. E é nesse lugar duvidoso que proliferam as segundas intenções. Nessa história, o rabino mostra que não há forma de vencer o *yetser ha-rá* com princípios abstratos como a humildade. É justamente para este território mental que o segundo-impulso quer nos arrastar. Sua vantagem é total nesse lugar porque ali pode exercer suas manobras camaleônicas. O Eu humilde é uma miragem, um reflexo de vários reflexos. Aceitar os elogios é uma maneira dissimulada de pavonear-se que pode até confundir os que veem as formas, mas a experiência interna do próprio indivíduo é a de náusea de si mesmo. Surge o ímpeto convulsivo de vomitar nosso Eu, de expelir a vaidade que enjoa.

Quando o segundo-impulso se manifesta e percebemos constrangimento no elogio justamente porque está massageando nosso ego, o truque da humildade nos faz uma presa ainda mais fácil. O rabino sabe que não aceitar o elogio é atolar ainda mais no lamaçal das intenções. A auditoria da consciência só irá acontecer se ficar totalmente evidente que estamos sendo afetados pelo elogio. Nessa nudez vai ficando difícil para o *yetser ha-rá* ditar rumos. Vai faltar-lhe pano para vestir; vergonha para encobrir. O acolhimento que o rabino propõe expõe o constrangimento e deixa à mostra o que é, não o que quer encobrir-se.

Uma clássica anedota judaica conta que em pleno Dia do Perdão, num dos momentos mais fervorosos das orações, o presidente da sinagoga se levantou e, consternado, confessou: "Meu Deus, quem sou eu? Eu sou um nada!" Logo depois, seguindo seu exemplo, levantou-se o diretor de culto que admitiu também: "Meus Deus, o que sou eu? Eu sou um nada!", voltando a sentar-se com um ar constrito. Animado pela sequência, o bedel, o contínuo da sinagoga, fica de pé e confessa: "Meu Deus, quem sou eu? Eu sou um nada!" De imediato, várias pessoas protestam na multidão: "E quem ele acha que é para se declarar um 'nada'?"

O nada refletido expõe o tudo. Ao se apresentarem como nada desejavam materializar um substrato totalmente diferente. O bedel, que aos olhos do reflexo era verdadeiramente um "nada", expõe a nudez daqueles que vestidos de humildade tentam se encontrar.

Portanto, o que ocorre no espaço individual também se dá no espaço coletivo com suas próprias idiossincrasias no que tange à dissimulação. E a condição de estar fora do Paraíso é justamente composta por estas duas referências, pessoal e coletiva: a de indivíduos que camuflam seus sentimentos e a de sociedades que disfarçam seus interesses. O conto a seguir ilustra essa dimensão coletiva.

Em certa ocasião, o Rabi de Berdichev pediu que o perturbassem somente quando surgisse uma questão maior. Ele esclareceu que deveriam buscar seu parecer apenas quando surgissem novas leis para as quais não houvesse precedente dentro da jurisprudência comunitária.

Passado algum tempo, os sábios da cidade pediram-lhe conselho sobre uma nova lei que queriam promulgar. Disseram: "Rabino, queremos aprovar uma nova lei que tornará ilegal a ida direta de mendigos à casa dos mais ricos para pedir esmolas. Ao invés disso, eles receberão mensalmente a ajuda de um comitê que estamos criando em nossa cidade."

O rabino nem hesitou: "Tínhamos combinado que eu somente seria chamado para me manifestar com relação a novas leis, aquelas que não tivessem precedentes. Mas esse caso certamente não se qualifica assim!"

Alvoroçados, os sábios reagiram: "Caro rabino, temos certeza de que esta é uma lei inédita, nada igual foi realizado anteriormente!"

O rabino balançou a cabeça, demonstrando tristeza: "Meus amigos, vocês estão errados. Essa lei pode ser rastreada no passado até as cidades de Sodoma e Gomorra, porque eles também criavam leis para fugir de suas responsabilidades frente aos pobres."
Os sábios então caíram em si e arquivaram o projeto. (*Rebbes and Chassidism*, Abraham J. Twerski)

Aqui temos uma típica conduta moral cuja vestimenta é talhada para parecer que se está sofisticando a lei, agregando qualidade, mas, na verdade, trata-se apenas de uma manobra de interesses pessoais. Acobertada de altruísmo, a segunda intenção fica evidente quando o rabino despe os ares de desprendimento e revela a verdadeira motivação dos juristas.

Por isso, o rabino tinha pedido para que o chamassem apenas para a criação de uma nova lei. A primeira impressão é que ele não quer ser importunado, sendo convocado apenas para casos importantes. Depois é revelado o verdadeiro motivo: as novas leis são quase sempre motivadas para ampliar interesses. O rabino quis intervir nesta "porta" onde o impulso-ao-mau está à espreita. As leis são normalmente produções acumuladas do passado e, por isso, podem e devem ser aperfeiçoadas. Mas nesta encruzilhada de retificações estão também os interesses e os agentes do Eu prontos para fazer lobby em prol de seus interesses. O que o rabino está fazendo, como no caso anterior, é vestir o que está vestido.

Em outras palavras: a estratégia de revelar um camaleão não é retirando sua roupa. Por baixo de uma estarão outra e mais outra, e mais outra, e assim infinitamente. A estratégia correta não é tentar despir, mas acrescentar nova vestimenta. É no contrassenso que está a sapiência. Na realidade, ao vestir o camaleão, nós o estamos despindo, já que revelamos sua natureza vestida, aquela que foi cuidadosamente confeccionada para iludir.

Um mestre conhecido como o Hafetz Chaim (o buscador da existência) costumava ir tarde da noite à Casa de Estudos para se certificar de que seus discípulos iriam descansar. Ele dizia que o impulso para estudar até altas horas da noite ou até a madrugada não vinha de outro lugar senão do *yetser ha-rá*, que se dissimula com boas intenções e virtudes. Ele deseja que os discípulos fiquem tão exaustos a ponto de não conseguirem se concentrar no dia seguinte.

Certa vez, o mestre esclareceu uma passagem litúrgica que diz: "... e remove Satã detrás de nós e da nossa frente". Esse "nossa frente" é uma dimensão compreensível, pois Satã está em sua função de ser um obstáculo e nos impedir de realizar algo construtivo. Mas qual o significado de "detrás de nós"? O mestre explicou: "Por vezes, o astuto, ao invés de impedir, se coloca atrás de nós e nos compele a fazer o que parece construtivo, como, por exemplo, estudar até tarde. Se alguém exagerar, vai ficar cansado, se jejuar, vai ficar fraco, se for generoso demais, ficará destituído. Portanto, orem para que o Criador os livre dos empurrões que Satã dá por trás, levando-os a fazer o que se passa por virtuoso." (*A Treasury of Chassidic Tales*, Uri Kaploun)

Há um jogo de xadrez a ser jogado com esses impulsos. Sua capacidade de antecipar jogadas e fazer incursões pelo contrassenso são admiráveis. Sacrificar peças enredando-nos em sua estratégia é uma constante – basta carregar na roupagem e nos tornamos presas fáceis. Por isso uma regra para desmascarar o camaleão é justamente impedir que o pano de fundo ou o cenário onde ele se encrava seja exageradamente reluzente ou colorido. É nestas condições que ele mais se faz passar despercebido.

Hafez Chaim alerta seus alunos para o fato de que benevolências, méritos ou castidades em excesso apenas fortalecem as capacidades do *yetser ha-rá*. Nada lhe abre mais o apetite do que o iniciante que acredita ter visto ou entendido algo. Ao postular uma convicção, ele entra no campo inimigo, onde as vantagens estão todas com o adversário. Por essa razão, ensinar o bem pode muitas vezes ser contraproducente. O bem não deve ser ensinado para não correr o risco de ficar sob o invólucro de um pensamento. Ali ele estará sob grande ameaça. O bem tem que ser um comportamento, advindo da prática, não da decisão. O sujeito é que pratica e nos surpreende. Já as decisões são executadas pela consciência, que é o cenário mais propício ao cameleão e suas vestimentas.

Conta-se que o mestre maior do chassidismo, o Baal Shem Tov, não indicou um sucessor, mas que instruiu seus discípulos para procurarem um líder entre os mestres de seu tempo.

"Mas como reconhecê-lo?", perguntaram os discípulos.

"Vocês devem procurar estes candidatos e lhes perguntar a seguinte questão: 'Como podemos nos livrar da dissimulação e das segundas intenções?'", disse o Baal Shem Tov.

Os sábios então se apressaram a concluir: "E então, se ele souber a resposta, deverá ser o novo líder?"

"Não", disse o Baal Shem Tov. "Muito pelo contrário, qualquer um que se declare capaz de dar conta de suas hipocrisias e dissimulações é um mentiroso. O fingimento vem do fato de termos um senso de individualidade, um senso de si. E quem tem consciência de si não pode dar conta de si mesmo. Não há probidade na auditoria de si mesmo. Qualquer um que pense de outra maneira vive no mais alto grau de dissimulação." (*Hasidic Tales*, Rami Shapiro)

A verdadeira consciência é feita das brechas em nossas defesas, e é partir delas que podemos fazer oposição às nossas certezas. O que alerta o Baal Shem Tov, porém, é que por mais autocríticos, por mais que possamos fazer oposição a nossas próprias posições, sempre poderemos estar enredados em versos e reversos que nos façam atuar de forma dissimulada. Por isso, mais do que rebeldes e pretensamente livre-pensadores, devemos admitir o mal-estar de que não há forma de erradicar a dissimulação. Não há como imobilizar o *yetser ha-rá*, sem, com isso, violentar também a nossa natureza humana.

O novo líder deve ter essa honestidade. A honestidade não está na plena probidade, mas no reconhecimento de nossas vulnerabilidades e fraquezas – a única maneira que temos de aspirar por maior consciência e aperfeiçoamento. Essa certeza da dúvida gera em nós outro sujeito dentro do sujeito. Este anti-Eu, crítico do Eu e de sua hegemonia, é o tal *yetser ha-tov*, o impulso antimoral, ou imoral. O impulso-ao-bom é aquele que nasce da convivência com o impulso-ao-mau e desenvolve sabedoria para enfrentar sua malícia e suas artimanhas.

É preciso colocar toda a atenção neste detalhe, que pode parecer invertido: o impulso moral é o "mau" porque ele foi estruturado para controlar qualquer dissidência ao modelo preestabelecido para nossas vidas e condutas. A moral não tem compromisso com a verdade, apenas com uma agenda interna capaz de trair essa verdade quando as circunstâncias e os interesses assim determinarem.

Desenvolver o *yetser ha-tov*, o impulso-ao-bom, não é fazer o que é bondoso, mas simplesmente estar preparado para dar conta de seu impulso-ao-mau, ser sagaz em consciência para evitar a manipulação de um intruso, de um aventureiro, de uma presença que ocupou o trono de sua existência.

O impulso-ao-bom não é o antídoto ao impulso-ao-mau porque ele não quer neutralizá-lo de forma direta. Seu arsenal se constitui de uma única possibilidade: vestir ainda mais o impulso-ao-mau, de tal forma que este não possa perambular incólume por nossas vidas. Sua missão é buscar objetividade em vez de subjetividade, resgatando assim a prevalência da realidade, e não a do sujeito, sobre a vida. Sua função é dar voz em vez de sussurro; dar rosto em vez de máscara; e é fazer algo ser entendido em vez de subentendido. É, portanto, vestir – muito mais do que despir.

O ponto tolo

Toda força tem um ponto tolo.

O impulso-ao-mau é uma inclinação, uma tendência que se constrói através do resíduo das condutas que vamos estabelecendo vida afora. Tudo aquilo que de furtivo, fraudulento e sutil manifestamos em nossas intenções e ações fomenta o Eu. Esse Eu, como vimos, não é verdadeiramente o sujeito em nós, mas a faceta que ninguém além de nós conhece. Sua ilegitimidade não pode ser desmascarada totalmente porque não é uma mentira, algo falso, mas uma relação entre quem somos e quem pretendemos ser. Essa distância é invisível ao outro. O outro pode ver um ato que julga errado ou subreptício, mas nunca conhecerá a real distância entre Eu e sujeito. A inclinação ao mal é fugidia e variável justamente porque é uma medida, não um objeto.

Para os rabinos, familiarizar-se com essa inclinação e seus impulsos era parte essencial de sua prática espiritual. Conhecer várias de suas roupagens, flagrar várias de suas táticas e sentir seu hálito em vários cenários da vida era como um treinamento de batalha.

Como o inimigo não é outro senão o reverso de nós mesmos, as táticas da astúcia ou da sabedoria não têm nenhuma eficácia sobre ele. É necessário autoconhecimento suficiente para ser capaz de burlar nossos próprios logros, numa contramalícia, que é em si material extremamente tóxico. Todo o cuidado é pouco, pois estamos no campo das miragens e, como numa guerra de contraespionagem, o perigo é não saber mais quem é quem.

Certa vez, o rabino de Korets entrou na Casa de Estudos e notou que os alunos pararam a conversa e logo a retomaram. Ele perguntou sobre o que estavam conversando, e eles lhe disseram que era sobre o temor de que o *yetser ha-rá* os perseguisse. O rabino, de imediato, respondeu: "Não se preocupem. Vocês ainda não estão em nível tão elevado para que ele esteja em seu encalço. Vocês ainda estão no nível em que vocês mesmos é que o perseguem!"

O principiante nesta tarefa acha que pode enfrentar de peito aberto um inimigo que está localizado num ponto mais alto, cujo ângulo de visão permite ver com antecipação cada movimento do oponente. O massacre é inevitável. Na conversa interrompida, o rabino percebeu um elemento furtivo, típico da presença de segundas intenções. Ele tinha certeza de que a inclinação já estava em curso e tentou identificar o impulso enquanto este estava em ação. Só assim poderia ensinar aos aprendizes, só assim poderia jogar a tintura capaz de expor uma propensão, uma inclinação, que carece da substância de um ato ou de um fato. Ensinar a ver o que não é visível pressupõe a difícil tarefa de refrear-se de ver o que é visível.

O rabino tentou resgatar nos estudantes o sujeito real que há dentro deles. Mas como encontrar nas múltiplas e multiplicadoras imagens aquela que realmente os representa? Vários "eus" se apresentam gritando "Sou eu! Sou eu!", e não são poucas as vezes que elegemos o falsário. Ao longo da vida, descobrimos isso através do arrependimento. Ele reflete os momentos em que o mando de nossas vidas foi repassado a um impostor. E, para tornar as coisas mais complexas, até mesmo o arrependimento pode estar sendo vivido por um novo Eu impostor.

Outro aspecto a se considerar é que a inclinação se torna resistente toda vez que nos utilizarmos de métodos falíveis. Durante um enfrentamento, se não dermos conta do impulso-ao-mau por completo, ele se fortalecerá. Aprenderá o estratagema falho que utilizamos e se fará mais persistente. Tal como acontece com a verdade, onde basta uma ínfima parcela de falsidade para que ela seja totalmente contaminada, o impulso-ao-mau nos levará a uma recaída.

Por conta disso os sábios diziam que o *yetser ha-rá* se torna mais forte à medida que ficamos mais sábios. Ele cresce com nosso desenvolvimento e utiliza todas as ferramentas sobre as quais temos maestria. Isso é ilustrado pelo episódio em que um discípulo diz ao seu mestre: "Gostaria de ter o seu *yetser ha-rá*!" O mestre fica horrorizado: "Deus nos livre! Não diga isso!" O discípulo ficou surpreendido porque achava que o seu mestre era tão desenvolvido espiritualmente, tão puro, que teria o seu impulso-ao-mau reduzido. A verdade é que quanto mais preparado e mais consciente é o sujeito, mais subjetiva pode se tornar esta inclinação.

Mesmo assim, com todas essas vantagens e com a capacidade que tem o impulso-ao-mau para se adaptar, o Talmude diz que o "*yetser ha-rá* é um tolo". E por que diria isso? Porque é possível desenvolver maestria em flagrá-lo. Isso não quer dizer que podemos imobilizá-lo definitivamente, mas que temos como desativá-lo momentaneamente. Claro que a má notícia é que esta é uma guerra permanente. É ela que muitas tradições denominam de "guerra santa". O termo islâmico *jihad* – guerra santa –, popularizado em nossos tempos pela manipulação política que deseja apontar para um arqui-inimigo externo, em sua origem se refere ao embate do indivíduo contra si mesmo na tentativa de manter soberania sobre seu sujeito.

Mas como encontrar os pontos tolos do *yetser ha-rá*? Isso tem a ver com contra-atacar maliciosamente o *yetser* com *yetser*, impulso com impulso. Vejamos alguns exemplos:

Um rabino reparou que o *yetser ha-rá* era responsável por sua dificuldade em despertar pela manhã. Ele sussurrava no seu ouvido: "Só mais um pouquinho, não tem problema, pode descansar só mais pouco..." Quando se dava conta, o rabino tinha perdido a hora, mas percebia a sutileza dos sentimentos que o envolviam no momento de acordar. Então resolveu contra-atacar. Colocou o despertador para mais cedo do que de costume. Quando o aparelho tocou e ele começou a ouvir as vozes internas que diziam "Só mais um pouquinho", desferiu: "Veja como você é tolo! Se quiser me atrapalhar vou fazer da sua vida um inferno! Por quê? Porque para ter poder sobre mim você sempre terá que acordar um pouco antes de mim! Deixe-me em paz ou colocarei o despertador para mais cedo, e você terá que despertar ainda antes!"

Parece quase infantil, mas essa é a relação mais eficaz com o impulso-ao-mau. Ele é uma criança, e suas manhas são dessa esfera. Basta vesti-lo, ou seja, torná-lo presente, e você terá um arsenal disponível para detê-lo. Nada consegue se manter malicioso quando desconsertado, revelado em sua improbidade.

Outro exemplo: Um rabino pretendia entrar numa *mikvá* (um banho ritual de purificação). No entanto, a água em que se banharia estava muito gelada. O *yetser ha-rá* começou: "Você está louco! Colocar sua saúde em risco? Veja como está fria! Eu, se fosse você, não entraria!" Mesmo assim, o rabino reuniu forças e entrou na água, que estava realmente a ponto de congelar. De imediato começou a ouvir: "Você é mesmo uma pessoa íntegra e com muita força de vontade! Muito bacana, não ficou com medo da água congelada e seguiu seus valores. Isso é algo muito especial!" O rabino então disse calmamente: "Agora sim entendo por que o chamam de tolo!" "Você poderia ter esperado eu sair desta água insuportavelmente gelada para fazer este seu trabalhinho de me enredar em soberba e vaidade, no entanto, se precipitou e acabou entrando na água junto comigo!"

Nesse caso temos pontos importantes a abordar. Primeiramente, o rabino não acha que venceu o impulso somente porque agiu de forma independente. Ele sabe que o *yetser ha-rá* pode mudar de cara e de estratagema. Está em guarda quando ele troca de tática e tenta bajulá-lo para que em meio a elogios perca sua autenticidade. Porém, o golpe mais contundente foi zombar do *yetser,* expondo-o irrefutavelmente. Seu ponto fraco foi ser impetuoso como cabe a um impulso. Sua vacilação é ser assim, precipitado. Se tivesse sido mais sutil e dado um maior intervalo de tempo para apresentar sua argumentação de soberba e presunção, talvez pudesse ter sido mais bem-sucedido. É a impaciência que revela ao rabino que a voz que lhe diz isso não é a sua. Tal como a vacilação dos alunos que param de conversar, os detalhes revelam quem está em cena.

Em ambos os casos, do despertador e do banho, há dois movimentos: 1) reconhecer que há algo furtivo em andamento e 2) se antecipar. Assim como o mal espreita atrás da porta, há outra porta por onde surpreendê-lo e assustá-lo. Neste portal está a possibilidade de resgate de cada um, de redenção de seu próprio e autêntico ser.

Assim também resistiam os praticantes do chassidismo. Eles tinham duas práticas especiais para os momentos sagrados das orações e do estudo. Sabendo que estes eram momentos sublimes e que por isso seriam alvos do *yetser ha-rá*, eles nem rezavam nem estudavam diretamente. E muitas vezes eram criticados por aqueles que não entendiam seu estratagema. Seu artifício era o de nunca rezar sem antes rezar para rezar. Antes de iniciar suas orações eles rezavam para que pudessem verdadeiramente rezar. Ou seja, sabiam que estavam sob ataque de ideias estranhas que tentariam distraí-los. Por isso inicialmente rezavam para atrair o *yetser*. Uma vez que este se expunha, revelavam a ele que não estava estragando uma comunicação entre o indivíduo e Deus, mas que, ao contrário, era atraído a fim de que se revelasse. Uma vez visível, eles podiam retomar sua oração, pois a atividade clandestina do impulso–ao-mau havia sido desmascarada. Sem clandestinidade, sem estar no território do furtivo, o *yetser* ficava debilitado.

O mesmo faziam com o estudo. Em vez de abrir os livros e se atracar numa infindável batalha com o sono ou a desatenção, despertando depois de lapsos de distração, eles nunca começavam seu estudo sem antes iniciar um bom bate-papo. A conversa fútil confundia o *yetser* e fazia parecer que não havia ângulo de entrada para o impulso-ao-mau, já que tudo era da ordem do superficial. Mais ainda, evitavam o hebraico, língua sagrada e de estudo das escrituras, e faziam uso do iídiche, que era a língua mundana das ruas e da informalidade. Nesse círculo de ingenuidade ficava mais difícil para o *yetser* se manifestar do que quando sábios e intelectuais assumiam posturas eruditas e pretensiosas.

Em todas essas técnicas, o importante era vestir a inclinação ao mau e fazê-lo presente nos momentos e nas interações. Essa atenção a ele é uma contraconsciência que revela fantasmas e adulterações plantados em nosso sujeito.

Mas tudo precisa ser realizado com muita sensibilidade, positividade e sutileza, fazendo-se uso do *yetser ha-tov*. Se, ao contrário, tentamos fazer isso de forma artificial, forçada, acabamos presa de novas indumentárias da malícia. Muito cuidado com contramalícias porque, como vimos, é sempre material de alta toxidade e contagioso.

Certa vez um discípulo veio até o vidente de Lublin com uma reclamação: toda vez que se dispunha a rezar, sua mente era invadida por pensamentos alheios, e esses intrusos atrapalhavam sua oração.
"E quais são os pensamentos que o bloqueiam?", perguntou o rabino.
O homem então começou a enumerar os diversos pensamentos que o invadiam. De que seu negócio não estava como deveria estar, que seus clientes deviam muito dinheiro a ele, que os seus concorrentes estavam se fortalecendo, que sua mulher reclamava de sua renda, que suas filhas precisavam de enxovais, que seu filho não era o aluno que ele gostaria que fosse e assim por diante.
Assim que ele terminou, o rabino disse: "Pensamentos alheios? Meu amigo, esses não são pensamentos estranhos coisa nenhuma. Eles são claramente pensamentos que estão em casa, muito à vontade, em sua mente!" (*Histórias do Rabi*, Martin Buber)

Não basta aplicar truques e receitas. Ao tentar rezar ou meditar, você sempre encontrará não os pensamentos estranhos, mas os que mais habitam a sua mente. Tentar detê-los ou confrontá-los é como deixar de ser quem se é, ou seja, algo impossível. O rabino alerta para o fato de que sejam lá quais forem os seus pensamentos rotineiros, também serão eles que se apresentarão nos momentos sagrados. A tentativa de fingir-se outro é o que faz de um momento de inspiração mais um produto para o *yetser ha-rá*. O impulso-ao-mau não se furtará a utilizar qualquer material. O roubo ou a ação piedosa podem ambos ser combustível para o *yetser ha-rá,* basta que, para isso, sejam dissimulados.

Assim, vemos que o truque é não usar truques. O importante não é o ato de despir-se ou livrar-se do *yetser ha-rá*, mas, ao contrário, o de acolhê-lo e tomar as providências necessárias para que se saiba que ele está ali ao lado, constantemente, à espreita.

CAPÍTULO III

VESTINDO – AS FALAS DO CORPO

Vestir é preciso! A vestimenta é o sinal mais evidente da dissimulação humana. Todo aquele que se apresenta vestido está admitindo e declarando publicamente: "É assim que eu quero que me vejam!"

Sim, precisamos nos cobrir por proteção e agasalho, mas desenvolvemos um sistema psíquico profundo no qual nos sentimos mais à vontade ocultando o que denominamos por partes íntimas. No entanto, o que designa uma parte do corpo como a orelha, por exemplo, como não íntima, e outras partes como reservadas é um processo da psique humana em torno de questões tais como a individualidade, a posse, o controle e as segundas intenções.

A nudez humana é então percebida como um atestado de malícia bem mais contundente do que a improbidade que atestamos com nosso vestuário. A nudez pode representar o mundo ideal da natureza ou da inocência ou a utopia de uma consciência livre de segundas intenções, mas ela atenta a moral que estrutura todos os Eus da sociedade, propondo uma transparência interpretada como invasiva. A percepção de que o Eu pertence apenas ao indivíduo do qual é sujeito faz com que o acesso total ao Eu de outro seja obsceno. Todas as identidades são legitimamente constituídas de uma dose aceitável de aparências e fingimentos. Propor esse nível de nudez desestrutura as identidades e é percebido como uma falta grave pelo consórcio social cujo dever maior é dar garantias à existência de indivíduos e Eus de forma definida e previsível. Homogeneizar e estabelecer padrões são parte importante do esforço que as civilizações fizeram por toda a sua História. A lei vem para conter impulsos, espontaneidades, surpresas e liberdades vistas como excessivas. E há uma inteligência neste esforço.

Vou argumentar contra as motivações que em meu trabalho *A alma imoral* falaram em nome da alma. Farei agora alegações em nome do corpo.

Não há nada mais vestido do que um ser humano nu! A pretensão humana de andar nu e ao mesmo tempo possuir um Eu que é preenchido por segundas intenções é o mesmo que dizer que é seguro nadar no mar só porque todas as placas que dizem "perigo" foram retiradas da praia. Ficar nu não é estar nu.

Ficar nu é simplesmente abolir a marca de Adão, a mácula que está no âmago do contrato social. Este acordo de reciprocidade em interesses básicos reconhece os limites pelos quais somos capazes de arcar com responsabilidades. Basicamente, um bom cidadão tem que cumprir requisitos comuns, mas salvaguarda o direito à privacidade de sua desonestidade desde que esta esteja dentro de certos padrões de hipocrisia que as convenções aceitem como toleráveis. Declaramos que não temos obrigação de ser honestos e transparentes. Esse direito à privacidade é real porque oferece maior bem-estar. Com as vestimentas, praticamos a cidadania de nos revelar como parte de uma comunidade de dissimulados. Identificamo-nos não como justos e perfeitos, mas como falíveis e como viciados em produzir um Eu cuja função é apresentar um modelo, uma aproximação, nós mesmos. Todo ser humano vestido é como o membro de um grupo de Alcoólicos Anônimos, expondo uma civilidade que é falsa, mas declarando-a abertamente como uma demonstração de honestidade humana. Nossa maior verdade está em nos caracterizarmos como potenciais mentirosos. E se isto parece uma resignação inaceitável, um conformismo à imperfeição, saiba que pode ser também uma manifestação de maturidade própria de uma consciência que se fiscaliza.

Não é possível ver a si próprio sem este efeito colateral de distorções. Claro que o exagero destas distorções será percebido como uma patologia pela alma, uma violência do corpo moral sobre aspectos ingênuos, inocentes e livres de nosso ser.

Como proposto em *A alma imoral*, o que nos faz humanos é a presença de duas motivações existenciais básicas que nosso imaginário cunhou como alma e corpo. A alma é a nudez do nascimento pronta a enfrentar o risco e a transformação que a vida demanda de uma criança nua. Seu cérebro é nu e disso se vale para absorver como uma esponja o que a vida e a realidade mostram. Não há ainda precondições corporais que são formadas a partir dos ajustes e das adaptações graduais que vamos fazendo e que nos levam a compromissos e conformações no decorrer da vida. O corpo se protege para garantir sua sobrevivência, e a alma ousa novos caminhos que garantem transformações, mutações e até mesmo traições em relação aos compromissos que o corpo assume.

A alma é em geral mais bem representada pelo corpo jovem. E por ser o corpo viril, equivocadamente o tomamos como representante do aspecto físico, quando, ao contrário, é nele que estamos mais aptos às mudanças e aos rigores próprios da transformação que são características da alma. Há menos Eu e menos identidade na juventude. Há também menos dissimulação, que aos poucos irá se aprofundar seja em forma de malícia, seja de sofisticação. Essa crescente dissimulação permite maior adaptação à vida sem causar dissonâncias em nossa função social. O corpo jovem vê na vestimenta uma hipocrisia desnecessária e tem uma relação atribulada com esse processo.

O corpo, por sua vez, é representado pelo organismo maduro cuja existência não tem que acompanhar metabolismos acelerados, preocupando-se mais em preservar e garantir a continuidade de suas construções. Para o corpo, as vestimentas revelam as limitações da consciência humana e a libertam da verdade. A verdade é um estado por demais desestabilizador e nem sempre é a melhor opção nas construções humanas. Sob esta perspectiva, a hipocrisia não é tão devastadora quanto uma nudez impossível. E, para a verdade, melhor é a hipocrisia do que a utopia. A hipocrisia expõe e a utopia acoberta.

As falas parecem inversas às que proclama a alma. E é sobre as falas do Corpo Moral que iremos tratar. Temos que compreender nossa consciência como a gestora da economia de um ser que é finito. Por termos ciência dos limites de nosso ser, acabamos rachados por duas postulações: a da Alma e a do Corpo.

Tal como um escriba ou um calígrafo precisa fazer com que seu texto caiba todo em uma linha, assim é a relação da consciência com sua existência finita. O escriba começa a escrita com todo o espaço possível, mas da metade em diante tem que fazer cálculos para que a linha contenha todo o texto. A leitura do espaço restante constrói uma escrita com outra característica. Somos Alma do nascimento até o meio da vida e somos Corpo do meio até o final de nossas vidas. Ambos conviverão durante todo o tempo, mas cada um representa um desses interesses ou economias. Desse convívio, a consciência tenta maximizar a qualidade visando a uma melhor gestão de si mesma. Limitado pela concepção que um sujeito pode ter de si próprio, de ser e, ao mesmo tempo conhecer-se sendo, a consciência produz reflexos múltiplos e monta nossa existência a partir da superposição destas imagens. A consciência enxerga tanto o corpo quanto a alma e acolhe as alegações de ambos, todas elas legítimas e antagônicas. É por conta desta ambiguidade e em função de uma mediação de demandas tão distintas que experimentamos nossa existência.

Quanto mais próximos ficam o corpo e a alma, maior o nosso bem-estar. Claro que a dificuldade está no fato de que eles postulam coisas distintas, e sabemos que aproximar opostos exige muita sensibilidade e sabedoria. Talvez uma aproximação exagerada dos dois nos levasse à loucura ou à perda de nossa própria consciência. Alma e corpo próximos demais nos impossibilitariam a presença, o que condicionaria a pura existência. Por sua vez, o senso de sagrado está justamente na máxima aproximação possível entre ambos.

Observemos que tudo o que é fundamental na vida permite à consciência experimentar o sagrado num lugar ambíguo. O sexo, por exemplo, contém a força da vida e tem representação essencial na existência. Se a experiência nessa área aproxima corpo e alma de forma intensa, essa vivência se faz sagrada. Se há exagero no elemento passional da alma (exacerbado justamente por um corpo viril) isso pode produzir um descompromisso indecoroso com o corpo moral. Se, por outro lado, há exagero nos compromissos morais com as questões de conservadorismo e preservação do corpo, essa austeridade produz uma sensação de falsidade excessiva que deprime e inibe as forças libidinosas da própria sexualidade.

Numa representação simbólica semelhante temos o vinho. Presente em todas as celebrações do sagrado na tradição judaica, o vinho simboliza a aproximação máxima entre corpo e alma, pois alegra e eleva o corpo em direção à alma. O mesmo corpo, que é o repositório de todo o compromisso, se libera e se aproxima da alma com propostas de surpresa, risco e liberdade. Caso haja exageros nessa aproximação, o corpo quererá controlar essa experiência, que então o alienará em vez de libertá-lo. É assim que alguém se torna dependente e viciado em um prazer que não será sagrado, mas destrutivo. Por outro lado, se a alma errar e se afastar do corpo, proporá uma embriaguez que em vez de torná-lo mais sensível, o fará grosseiro, inconveniente e incontinente.

O *yetser ha-rá* plantado no Eu estará sempre em guarda para que a aproximação da alma e do corpo não aconteça. Sua tarefa é fazer um dos dois prevalecer – seja em paixões ou em morais. Mas enquanto a tática da alma é propor o desmascaramento do *yetser ha-rá* pela transgressão de suas morais hipócritas, a tática do corpo será o de vesti-lo ainda mais, revelando assim que não há honestidade plena e que expor esta condição proporciona a melhor forma de retidão e franqueza disponíveis a um ser humano.

A maturidade de não sermos honestos

ANTES A HIPOCRISIA DO QUE A ILUSÃO

Enquanto a ferramenta maior da alma é a traição, a do corpo é a aceitação de seus limites. O corpo não postula para além de sua capacidade, e se para a alma isso parece uma forma de resignação e acomodação, para ele é a capacidade de integrar todas as suas características, particularmente as suas fraquezas. A história a seguir ilustra essa condição.

> Um jovem veio pedir ao diretor de uma escola religiosa permissão para ir a uma festa. O diretor perguntou ao rapaz se não temia o *yetser ha-rá,* já que na festa moças e rapazes estariam juntos. O aluno respondeu rapidamente, dizendo que havia se preparado cuidadosamente e que não sucumbiria a nenhuma tentação. O diretor da escola olhou para o jovem com descrença e disse:

"Tenho mais de oitenta anos e até hoje não tenho maestria sobre o *yetser ha-rá*, é importante saber que ele estará sempre ao seu lado e que você também não tem maestria sobre ele!" (*A Treasury of Chassidic Tales*, Uri Kaploun)

Reconhecer fraquezas é percebido pela alma como uma conformação inaceitável. No entanto, o corpo sabe de suas limitações e deseja traduzi-las em consciência. Por isso, para ele a roupa é mais honesta do que a nudez fantasiosa que o jovem propõe. É muito difícil definir o que é resignação e o que é maturidade, mas ambas as condições são reais. O corpo tem como tarefa manifestar, com sua experiência, não a escolha entre o equivocado e o utópico, mas o possível.

Em muitos sentidos, o corpo é corajoso e tenta incorporar a verdade não de forma direta e pura, o que lhe seria insuportável, mas pela via indireta da eliminação de ilusões. Destilar da vida suas ilusões nos aproximaria da verdade por um lugar possível ao ser humano. Por sua vez, a alma contra-argumenta que nesse esforço por suprimir ilusões também podem ser desperdiçados os sonhos. Este é, porém, um risco que o corpo está pronto a assumir, já que em vez de fazer-se realista, poderá se tornar conformado ou até pessimista.

Nesse sentido, o Talmude faz uma postulação bastante ousada e de enorme grandeza humana.

Reb Ilai disse: "Se um homem descobre que não consegue conter seu *yetser ha-rá*, deve se dirigir a um lugar onde ninguém o conheça, deve vestir-se todo de preto e agir como sua paixão assim determina, mas de forma alguma profanando o Nome de Deus em público!"

Isso só se aplica àquele que não consegue conter seu mau-impulso. Para o que pode conter, continua valendo o ensinamento dos sábios: "Aquele que não poupa a honra de seu Criador, melhor não ter nascido!" Reb Chanina completou: "Melhor que um homem cometa seu pecado secretamente do que profanar o Nome de Deus em público!" (Kidushin 40a)

Para ambos os sábios, a hipocrisia é melhor do que a ilusão. Eles falam pelo corpo num lugar extremamente arriscado porque estão ousando ir ao limite de legitimar aquilo que é mentiroso e dissimulado em sua versão mais aproximada da verdade.

Deve-se notar o esforço que realizam com o intuito de desarmar o impulso-ao-mau, sabendo que este não se furtará em manipular a ilusão levando os indivíduos em questão a se enredarem ainda mais em segundas intenções. Ao buscar este lugar extremo de permissividade, os sábios optam por vestir o ser humano e, ao fazê-lo, desarmar o impulso-ao-mau.

Por reconhecer a gravidade do que afirmam, tentam esclarecer que a hipocrisia só deve ser adotada em situações extremas. Alertam também para o fato de que a falsidade não deve atingir o âmbito social e conceitual, e por isso separam o espaço público do privado. No lugar público não há espaço para as aproximações do corpo. Os sábios não desejam, com isso, ser complacentes com os vícios humanos, mas querem reduzir o nível de malícia onde o que não pode ser evitado terá que ser encoberto. E, se não houver escolha, que se preserve o nível público, mas que o indivíduo não tenha que encobrir de si mesmo e dissimular para si mesmo o que aprofunda suas segundas intenções. Mantê-las para o indivíduo na condição de uma primeira intenção é um atenuante para os poderes do impulso moral. Reb Chanina e Reb Ilai sabem que quando a natureza se impõe de forma implacável, o que resta de civilidade ao ser humano é conter suas segundas intenções.

Para dizer algo tão moralista e ser imoral como um corpo é necessário desenvolver muita honestidade compassiva. Diferente da alma, que pode ser cruel na demanda por excelência e grandeza de um ser humano, exigindo-lhe a coragem de entrar no mar e desbravar caminhos nunca antes atravessados, o corpo pode se valer de imensa coragem admitindo e acolhendo fraquezas. Enquanto corpo, possui a capacidade de aceitar incondicionalmente o que é um corpo. Sua exigência não é mutacional, obrigando-se a se superar para além de sua anatomia. Os rabinos não estão encorajando o vício ou a indulgência com o mesmo, mas seu acolhimento incondicional. Respeitar sua dependência, muitas vezes suprindo doses mínimas de veneno, é uma postura de grande compaixão do corpo. Para explicar melhor a questão, vamos dar o exemplo da relação do pai e da mãe com um filho. Muitas vezes, as mães desempenham esta compaixão porque são elas a extensão do corpo, e só em meio a elas a incondicionalidade plena se manifesta. O pai desempenha o papel oposto, e exige a saída do lugar estreito. Suas expectativas são semelhantes à da alma, propondo mutações para além dos limites de seu rebento.

Para o pai, o reconhecimento do valor da criança só acontece quando ela começa a falar, esboçando qualidades inerentes ao humano. É diante da criatividade do filho, de sua demonstração de qualidades semidivinas, que o pai o acolhe afetivamente. Enquanto corpo, o bebê parece ao pai limitado e frágil; algo para a mãe dar conta. Sua dependência e sua aparência fogem ao interesse do pai.

Essa é a força do corpo que reconhece sua vulnerabilidade e a incorpora à sua verdade. Sem transcender a si mesmo e sem trair suas restrições, vive em paz nas margens que são intransponíveis. Seu arsenal tem como arma mais poderosa o reconhecimento da supremacia e do favoritismo que leva o *yetser ha-rá* sobre o ser humano nu, cru.

Algumas mulheres resgatadas do cativeiro foram trazidas para a casa de Rabi Amram, o piedoso, em Nahardea. As mulheres foram alojadas no mezanino e Rabi Amram tomou a precaução de retirar a escada que dava acesso ao andar onde elas se encontravam. Enquanto uma delas ia de cá para lá, despontou desde o céu um raio de luz que rebateu no chão e a revelou.

Rabi Amram tomou a escada que nem dez homens conseguiriam carregar e a levantou sozinho. Quando estava no meio da escada, forçou-se a parar e gritou com toda a força: "A casa de Amram está em chamas!" Todos vieram em seu socorro, mas logo cobraram dele: "Por que você nos assustou com este falso alarme?" E ele respondeu: "É melhor um falso alarme sobre a casa de Amram neste mundo do que se envergonhar com a casa de Amram no Mundo Vindouro!" Ele então obrigou o *yetser ha-rá* a abandoná-lo e o impulso-ao-mau saiu sob a forma de um pilar de fogo.

Então Amram disse: "Percebo que és forte como o fogo e eu sou meramente de carne e osso, mas eu sei prevalecer sobre ti!" (Talmude, Kidushin 81a)

Rabi Amram é subjugado pela revelação do que se fez visível por um raio de luz. O que se descortina não é apenas uma irresistível atração sexual, mas a incapacidade do homem de prevalecer sobre ela. Rabi Amram tem consciência de sua incapacidade de deter esse impulso e usa do artifício metafórico, indicando que está ocorrendo um incêndio. Há um descontrole em curso que só pode ser mediado por algo que lhe é exterior. Só o reconhecimento do corpo e de sua limitação pode permitir que se desbanque o impulso-ao-mau desta maneira. O que Rabi

Amram faz não é uma repressão para impedir em suas entranhas o que é inevitável. Se fizer isso pode até ser bem-sucedido num primeiro embate, mas perderá a guerra. Rabi Amram sabe que apenas uma força externa pode retirá-lo da dependência e clama por ajuda.

Sua metáfora diz que se não há fogo destruindo a casa no mundo do corpo, com certeza, há um incêndio importante consumindo a casa da alma, do Mundo Vindouro. Ele não tem vergonha de reconhecer que, se não fosse por mediação externa, teria sucumbido. Seu trunfo passou a ser a aceitação de sua impotência.

> Rabi Meir costumava menosprezar os pecadores. Certa vez o *yetser ha-rá* apareceu diante dele na figura de uma mulher irresistível na outra margem de um rio. Como não havia uma embarcação por perto, ele providenciou uma corda e a utilizou como ponte, pondo-se a atravessá-la. Quando já estava no meio do caminho, o *yetser ha-rá* na figura da mulher desapareceu, dizendo: "Não tivessem os céus intercedido, dizendo: 'Cuidado com Rabi Meir e com sua Torá', e sua alma agora não valeria dois centavos!" (*A Rabbinic Anthology*, Claude Montefiore *et al.*)

É sempre muito embaraçoso reconhecer que teríamos fraquejado não fosse uma intervenção externa no curso dos eventos. Os poderes do impulso-ao-mau não são medidos por sua capacidade de nos fazer desonestos. Todos nós somos passíveis de desonestidade e nossa força de vontade não vale dois vinténs. O importante é admitirmos esta desonestidade e monitorá-la a partir do momento em que aceitamos tal fato. Nessa história há um duplo sentido que pode representar a arma mais eficiente do *yetser ha-rá*. Quando alguém diz que ouviu dos céus "*Cuidado com Rabi Meir e com sua Torá*", podemos entender essa fala como a revelação de uma ação protetora, impedindo o fiasco que estava prestes a ocorrer, ou como o ato de lançar dúvidas sobre a qualidade de Rabi Meir e de seus ensinamentos. Essa é a malícia que não pode ser evitada sem o uso da sabedoria do corpo. Se partirmos do princípio da falibilidade do corpo e da compaixão para com suas fraquezas, a palavra "cuidado" se refere à garantia de que Rabi Meir não será trucidado pela armadilha que lhe pregaram. Se, ao contrário, partirmos da soberba de que somos páreo para a malícia do impulso-ao-mau, então "cuidado" se refere à incongruência e à perfídia de Rabi Meir e de seus princípios.

Em resumo, uma importante estratégia para manter nossa honestidade é reconhecermos nossa desonestidade. Se isso não estiver no lugar de um truque tentando dispersar e nos confundir, então teremos encontrado uma importante alternativa para confrontar o *yetser ha-rá*.

Complacência com o que não é visto

O que o corpo tenta mostrar é que existe algo para além da hipocrisia, algo que não é simplesmente "faça o que eu digo e não faça o que eu faço". Quando alguém diz algo e age diferentemente do que afirmou, nem sempre isso é produto da moral. Podemos estar diante de uma fala libertária do corpo, que está dizendo que conceitualmente e publicamente valem os valores da alma, ou seja, valem as perspectivas mutacionais e de aperfeiçoamento do que é tortuoso no ser humano. Porém, no foro privado, há espaço para a coragem compassiva de aceitar nossas fraquezas.

Por isso, nem toda aparência (vestimenta) é do mal. Muitas vezes ela está plantada para evitar segundas intenções. Em

A alma imoral, falo sobre o conceito de *mar'it ha-ayn* – o que os olhos veem –, que é a proibição rabínica de, por exemplo, comer em público um alimento que suscite dúvida quanto à sua licitude. Como não se pode misturar leite e carne nas leis dietéticas judaicas, é proibido comer um cheeseburger, mesmo que o hambúrguer seja de soja (não infringindo assim a mistura de leite e carne). A razão para isso é que, apesar de permitido misturar leite e soja, este ato, no espaço público, fomentaria segundas intenções.

A capacidade de dar valor às aparências exige muita maturidade – algo que na linguagem da juventude e na perspectiva da alma é inconcebível. Nessa capacidade há o reconhecimento adquirido com a experiência que sabe que o ser humano não funciona em um lugar de ingenuidade. O Eu que vê e qualifica tudo o que vê como verdadeiro se alimentará da possível malícia de que o outro esteja violando as leis. Nesse momento, o fingimento é útil porque é um ato de vestir o que está vestido, produzindo assim um efeito contrário. Um sanduíche permitido que parece proibido ganha assim uma qualidade no espaço privado e outra no público. Isso não é ser duas caras, mas atuar de acordo com uma proposta do corpo a fim de que o impulso-ao-mau não encontre terra fértil na conduta humana.

Quando, no deserto, Moisés bateu diretamente na pedra pedindo que ela vertesse água ao invés de fazer isso evocando o Nome de Deus, foi condenado a não entrar na Terra Prometida sob a alegação de falta de fé. Mas teria sido esse o ato mais gritante de falta de fé na vida de Moisés? E não teria ele demonstrado muito mais falta de fé no episódio do Bezerro de Ouro?

A explicação se assemelha à de um rei que certo dia ouve seu melhor amigo criticá-lo severamente e nada faz. Tempos depois, esse amigo, por ter feito em público uma crítica muito menor, foi aprisionado e punido. Da mesma forma, Deus não prestou atenção em outros momentos de dúvida de Moisés, pois foram momentos privados. Daquela vez, porém, na frente de todos, num espaço público, a questão não pôde ser ignorada. (Tanhuma Hukkat 61a)

É chocante para um neófito constatar que a verdade pode ser corrompida e que isso, ao mesmo tempo, representa a melhor forma de maximizá-la. Mas é exatamente isto que postula o corpo: mais próximo se estará da verdade quanto menos segundas intenções se produzirem. Parece que se está dizendo "o que o coração não vê o coração não sente", mas não é isso. Esta frase pode indicar envolvimento com manipulações, ou seja, com a tentativa de ocultar para obter resultados deliberados, encobrindo impulsos com finalidades – o que representa um engodo e uma violação da verdade. Se esta frase-conceito, porém, media as fraquezas e imperfeições humanas e nossa capacidade utópica de perceber o que é correto no espaço público, então temos aqui diálogos diretos entre alma e corpo com menos intermediação do Eu. Dessa maneira, há menos demagogia e falas moralistas que não dão conta do que se passa no espaço privado.

Por incrível que pareça, para diminuir as segundas intenções, temos que aproximar o espaço privado e o público por meio de vestimentas e ocultamentos.

Sim, tudo isso pode ser usado pelo impulso-ao-mau e, sim, isso acontece todo o tempo. Da mesma forma, o reverso "fala, mas não faz" é menos grave no espaço público do que no privado. Se eu "falo, mas não faço" no espaço privado, estou diante de um estado de malícia muito mais profundo do que o da hipocrisia no espaço público. Não é absurdo dizer que estou mais perto da verdade quando caminho da negação à admissão de que "falo, mas não faço" no âmbito privado, do que no ato de admitir isso em território público. Essa hipocrisia-vestimenta é parte da compaixão corajosa do corpo.

Sua alma estará agora profundamente incomodada porque tudo isso lhe soa imoral. Como pode haver verdade em tanta dissimulação? Quem pode se encontrar e se resgatar neste mundo de imagens e subimagens?

Bem-vindo ao mundo da consciência. Não é à toa que Adão e Eva se ocultam por trás de folhas. Há algo que alguém, um terceiro ou Deus, sempre estará enxergando de nós e que nos é impróprio, pois não há vestimenta que cubra tudo. Quando um pedaço da vestimenta for puxado para um lado, para cá, algo ficará exposto do outro. E a alma não perdoará, dizendo que esse truque é inaceitável e fadado ao insucesso. Mas assim poderá estar alimentando o impulso-ao-mau, que seduzirá o ser humano a sair nu de seu esconderijo. Nu e consciente, no entanto, o ser estará como o cervo no descampado à mercê de seu predador. A alma e seu apetite expõem o ser humano. O corpo protesta.

A alma e suas utopias precisam ser traídas para saírem do circulo mágico de seu Eu e abraçarem seu corpo. Caso não façam isso, o Eu colherá os louros de seu melhor companheiro. E assim a alma desposará o inimigo. No desconforto de aceitar as imperfeições do corpo, a alma se aliará ao Eu, que promete promover uma imagem mais próxima da utopia. Em nome da verdade, a alma fará conluios com os aspectos mais profundos da mentira. Por intolerância aos subterfúgios humanos, cerrará fileiras com uma imagem que, apesar de mais pura, está mais distante da realidade. "O que poderia ser", mesmo que mais correto, corre o risco de nos distanciar da verdade. E estes são os pecados da alma. Em Levítico (4:2) está escrito:

"Quando a alma pecar por ignorância..." Perguntou Rabi Levi: "E como pode a alma pecar se ela vem de um lugar elevado onde não há iniquidade?" Ele mesmo respondeu: "Ela pode fazê-lo por ignorância. Como no caso de dois homens que pecaram contra o rei. Um era erudito e de boa formação e o outro era um camponês. O rei liberou o camponês e sentenciou o erudito. Quando questionado por sua decisão, ele explicou: 'O erudito conhecia muito bem as leis e suas implicações, o que não ocorria com o camponês'. Assim o corpo representa o camponês, já que foi feito do pó e da terra; já a alma soprada pelas narinas humanas vem de lugar elevado e é como uma cortesã erudita, próxima do rei e de suas leis. Portanto, seus pecados se dão mais pelo quesito ignorância do que pelo feito em si." (Tanchuma Vaikra 4a)

O pecado da alma, do sonho e da transformação não é a transgressão em si, mas a ignorância de sua humanidade que esta transgressão enseja.

A ignorância da alma é o seu corpo.

A ignorância da alma é a verdade porque também ela conhece a vergonha. Enquanto a vergonha do corpo é a imoralidade de sua alma, a vergonha da alma é a imperfeição do corpo, algo que ela não consegue acolher. Por isso precisa sempre mudar.

Vestindo o noivo-inimigo

O corpo permanecerá no lugar oposto ao da alma, confundindo-a. Pela vida afora ele ficará no lugar do amante; e o Eu, o impostor, no lugar do cônjuge. Nossa existência é composta por um triângulo amoroso: a alma, o Eu e o corpo. Quanto mais próximos corpo e alma, mais verdadeiros, sagrados e bem-aventurados ficamos. Mas retire o Eu, fusionando a alma e o corpo, e o ser humano desaparece como presença porque não há mais um receptáculo para a consciência.

Vimos que a compaixão do corpo é um de seus atributos especiais. Mas existe uma segunda virtude que se manifesta sob a forma de uma sinceridade rude e objetiva, desprovida das sutilezas que comumente alimentam o *yetser ha-rá*.

A falta de polidez e o descompromisso com o que é politicamente correto, característicos do corpo, diminuem o tônus das segundas intenções. Sua relação bruta com os desejos evita os adornos racionais que acabam por permitir toda sorte de manobras e estratagemas das segundas intenções.

Diz o Talmude: "E não aceitarás suborno." (Deut.16:19) Certamente isso é dito para que não se absolva o culpado ou condene o inocente. Mas principalmente para não absolver o inocente e não condenar o culpado!

Qual a lógica dessa reflexão? Não aceitar suborno é uma recomendação compreensível, mas seria ainda pior ser subornado para libertar o inocente ou para condenar o culpado? Não há injustiças envolvidas nestes casos. Ou melhor, parece até justo que se chegue aos fins, mesmo que haja atos ilícitos no caminho para realizá-los.

Em tais situações a verdade fica ainda mais soterrada, misturada com malícias, o que aumenta o grau de dificuldade para refiná-la ou resgatá-la. E aí proliferam as segundas intenções. Reparem que nesse caso não são as traições ou a escolha pelo que é bom, em vez do que é correto, que permitem novas possibilidades de alargar a vida. Ao contrário, essas pequenas infidelidades atrapalham no processo de redução de nossas dissimulações. Ferem as convenções apenas por ferir, semeando boas colheitas para o *yetser ha-rá*. Fique atento a estas concessões enganosas. Assim seu corpo poderá ser um aliado importante, pois tenderá a subornar sem constrangimento, porém mais propenso a subornar sem se contagiar por sutilezas. Sua rudeza é, nesse caso, um tino, um refinamento. Diz o Talmude: "Uma pessoa não deve fazer fofoca sobre seu vizinho, especialmente se o que diz atesta sua boa reputação. A razão disto é para não produzir o efeito da Poeira da Difamação." (Avoda Zara 10a)

A pior forma de intriga é a que se reveste de bajulação. O nível de subliminaridade é muito maior nesse caso. Falar mal normalmente contém segundas intenções, mas falar bem com a intenção de gerar fofocas aumenta em muito o grau de toxidade das segundas intenções. Elas ficam mais escusas e camufladas e servem aos propósitos do *yetser ha-rá*. Não tente trair seus sentimentos negativos elogiando alguém com quem você tem uma rixa. Suas segundas intenções lhe pregarão peças e você acreditará que está num lugar virtuoso quando está praticando falcatruas. O conceito de "poeira da difamação" aponta para os perigos de encobrirmos com pretensas boas intenções nossos interesses dissimulados. A poeira tem a malignidade de poder se infiltrar em todas as frestas da vida, tornando impossível a sua limpeza. Uma mancha pode ser mais difícil de ser removida, mas a clareza de sua pecha nos convoca à ação. A poeira, camuflada de sujeira suportável, permanecerá por muito tempo. E seus malefícios serão tolerados por tempo muito maior.

"Rabi Dimi disse: Não enalteça uma pessoa de forma exagerada, para não abrir um caminho do louvor à reprovação." (Baba B. 164b)

O exagero do louvor arrasta junto consigo invejas e expectativas, todas elas empapadas de segundas intenções. Agradar também tem profundas raízes no desejo de exercer poder sobre o outro. Se prestarmos atenção quando fazemos isso, veremos o quanto tal ação incomoda o outro, levando-o a repelir este ataque de adornos excessivos. O exagero do vestir está nas etiquetas, tanto das formalidades quanto daquelas que designam o status de nossas vestimentas. As "etiquetas" ampliam exponencialmente o significado do vestir porque transportam a nudez que está sendo vestida para um lugar ainda mais dissimulado. Quando eu uso uma marca, nem sequer estou vestindo o meu Eu, estou vestindo apenas o Eu que quero que os outros vejam. Ao fazer isso, aprofundamos as segundas intenções elevando as imagens a uma nova potência. Passamos assim da esfera "daquilo que os olhos veem ocultando o que não veem" para a "do que os olhos não veem ocultando o que os olhos não veem". Nesses casos se está tão vestido que há risco de desaparecimento. Há o perigo de um afastamento tão grande entre o corpo e a alma que tendemos a nos compor integralmente da malignidade do Eu, causando metástases de presença por toda a existência. E no excesso de presença somos tomados por mal-estar e depressão. "O rabino Ben Bagbag disse: Você não deve roubar sua própria propriedade de volta de um ladrão, para que não pareça um roubo." (Sifra 88c)

Uma sutileza recebida com outra sutileza não desfaz o nível subliminar, muito pelo contrário, o intensifica. Prestar atenção ao impulso-ao-mau nos habilita a reconhecer sua ingerência para tomar as devidas precauções. Vamos assim entendendo o lugar adúltero que ocupa o Eu e começamos a esboçar flertes entre alma e corpo. Este é o lugar importante dos opostos: eles não podem convergir, mas muito de sua astúcia é derivada de uma mesma lógica. Quando alma e corpo confiam um no outro podem fazer importantes coligações para se oporem ao Eu e sua tendência autoritária.

A integridade incondicional pela qual a alma clama pode encontrar no desejo incondicional do corpo um aliado importante para produzir retidão. Ambos podem resistir às parcialidades e fragmentações que são subsídios indispensáveis para a malícia e as segundas intenções. Isso porque há verdade na alma e há verdade no corpo, porém nunca há verdade no Eu. O Eu é um produto de imagens, sempre virtual e sempre uma aproximação.

Verdade e vestimentas

No texto de Gênesis, Deus diz: "Façamos então o homem!" (Gen 1:26). O *Midrash* especula sobre essa forma plural – "*Façamos*" –, interrogando-se sobre os interlocutores com quem estaria Deus comentando ou se aconselhando nessa fala. Uma das explicações é que Deus estaria argumentando com os Atributos da Criação.

> Rabi Shimon disse: "Quando o Criador decidiu criar o ser humano, os anjos formaram duas facções: uma dizendo 'Sim, que seja criado!' e outra dizendo 'Não, que não seja criado!'. Por isso está escrito (Salmos 85:11): 'A Misericórdia e a Verdade se debateram; a Justiça e a Paz se beijaram.' A Compaixão disse: 'Que o humano seja criado porque disseminará atos de compaixão!'; A Verdade disse: 'Que não seja criado porque ele será um amontoado de falsidades!'; A Justiça disse: 'Que seja criado porque será capaz de discernir com retidão!'; A Paz disse: 'Que não seja criado porque proliferará a discórdia!'
> Com esta situação de indecisão, o que fez o Criador? O Criador tomou a Verdade e a derrubou no chão. Os anjos ficaram atordoados: 'Soberano do Universo, por que desprezas aquela que é o Teu Selo e Tua Chancela?'
> Deus respondeu: 'Deixe que a verdade se eleve desde o chão!' Como está escrito (Salmo 85:12): 'A verdade brotará da terra, e a justiça olhará desde os céus.'" (*Midrash* Raba, Gênesis, 8:5)

Nessa exegese da criação do ser humano, a consciência é uma faculdade que tem como custo a Verdade. As características da consciência são rejeitadas tanto pela Verdade quanto pela Paz porque as antagonizam. O ônus para a criação da consciência é a abdicação da Verdade. A Paz permanece, mas sem sua força-casal com a Verdade, ela sempre se fará temporária. Não haverá Paz permanente enquanto a Verdade não for resgatada e reinstalada brotando do chão e saindo do exílio a que foi submetida.

O predicado maior da consciência é o discernimento. Ele permite tanto as argumentações que estabelecem a justiça quanto as identificações que instituem as empatias e as compaixões. Esses atributos da Justiça e da Compaixão saem privilegiados com a criação da espécie consciente. No entanto, essa mesma consciência só pode existir vestindo, cobrindo a verdade. Pelo fato de o Eu, em essência, não existir, a verdade ofuscaria a possibilidade da imaginação e das imagens que a constituem. Sem imagens não é possível ver a si próprio porque não existe um "si próprio". A morte, que é o desfazer de todas estas composições de imagens, é por essa razão denominada na tradição judaica de *emet*, a verdade.

Quando a verdade brota do chão, nossa presença fica ameaçada. Mais do que isso, a frase do Salmo *"Emet Me-arets Titsmach"* (A verdade da terra brotará!) forma com suas iniciais a palavra *emet*. Talvez não seja coincidência o fato de que é o mesmo chão que engole o nosso corpo, e a partir daí reencontramos a verdade em toda a sua nudez. Só a morte tem a capacidade de restaurar em plenitude a Verdade.

O Maguid de Dubnov, um dos grandes contadores de histórias da tradição chassídica, assim apresenta a questão da Verdade:

Onde quer que a Verdade fosse, nesse ou naquele vilarejo, logo começavam a hostilizá-la. As pessoas a perseguiam, desdenhavam dela e lhe faziam toda sorte de desfeitas. Estavam sempre a maldizê-la onde quer que ela surgisse. Solitária, a Verdade se sentou no meio-fio e, inconsolável, observou de longe o sucesso que fazia a História. As pessoas a acolhiam e a apreciavam incondicionalmente, demonstrando gratidão por seus serviços.

Quando a História passou diante da Verdade e a viu deprimida, perguntou: "Por que está assim?" A Verdade respondeu: "Porque ninguém gosta de mim! Todos me maltratam e me rejeitam." A História então reagiu: "Claro que não te tratam bem. Ninguém gosta de olhar para a Verdade nua!"

Então a História deu roupas para a Verdade vestir. E então História e Verdade entraram juntas no vilarejo seguinte. E a população as recebeu com grande alegria e gentileza.

Desde então, nunca mais se viu a Verdade viajar sem a companhia de uma História. (*Around the Maguid's Table*, J. Khon)

O corpo existencial é como nesta história – uma verdade insuportável. Vê-lo produz a mesma agressividade e rejeição que as pessoas nos vilarejos demonstraram. A vestimenta é em si a história, a metáfora que nos permite interagir com um sujeito que nos convence de ser o verdadeiro ente que nos assume. Então temos presença porque temos também uma história estruturadora. E nos vemos justamente pelo Eu, esta vestimenta que separa o corpo e a alma. Este personagem entre nosso corpo e nossa alma é o efeito imaginário que nos dá forma, quer seja pelo olhar do espelho, quer seja pelo reflexo do encadeamento dos tempos passado, presente e futuro em nossas vidas.

A convivência com a Verdade *in natura* é impossível e o custo de tê-la derrubado ao chão é parte integrante de se viver com consciência. A Verdade não é parte de nossa natureza e temos que cultivá-la para que ela brote do chão. O recurso de que dispomos para tratar tanto da Verdade quanto da nudez está em nossas vestimentas. Só a maturidade revela essa limitação humana e faz compreender a metáfora da existência: apenas o corpo tem a coragem compassiva de aceitar-nos integralmente.

O corpo passa a ser uma chave fundamental para que tenhamos acesso à Verdade sem comprometermos a consciência. A moral que dele emana – cuja função é de proteção e de preservação – não é em si o inimigo. Há uma parcela sua que é projetada sobre o inimigo – sobre o *yetser ha-rá* –, mas que não é a sua personificação. Tanto a alma quanto o corpo projetam-se cada um desde seu polo e fusionam-se para dar imagem ao Eu cuja essência é a subjetividade e as segundas intenções.

Assim, a moral, representada por nossa roupa, nos é fundamental. Ela harmoniza a vida e se faz um instrumento importante na busca por qualidade. A vida nesse lugar, porém, representa uma batalha constante para não sucumbir à tentação de aceitar a presença como a nossa existência. Incessante é o combate para resgatar nosso sujeito deste lugar imaginário e dar-lhe vida. Essa tensão que a alma e o corpo exercem sobre a corda da vida é o trapézio por onde se equilibra o sujeito. Perca a tensão e seu sujeito cairá, pois a verdadeira presença não é nem a imagem nem a verdade, mas a tensão que sustenta a consciência.

Em se tratando de imagens, temos que considerar o constante fenômeno ótico de que a retina registra a imagem invertida e o cérebro a reverte. São as inversões óticas que determinam a característica camaleônica das imagens refletindo seus reversos, o que nos confunde. O corpo moral veste o indivíduo para torná-lo visível ao mundo, nunca poderá experimentar sua nudez. Quando faz isso protege a Verdade para que esta não seja excluída e substituída pela imaginação. É nesse sentido que o corpo faz sua contraposição à alma. A alma imagina o futuro e sabe do poder de redesenhá-lo por meio de seus sonhos. O corpo então a denuncia moralmente, acusando o sujeito de não ser uma pessoa, mas um imaginário que se vestiu de identidade. Ele delata que este ser inventado e potencial é um falsário, constituído não por intenções e impulsos originais, mas por segundas intenções. Da mesma forma, a alma denuncia o corpo, dizendo que seu apego à Verdade imobiliza a imaginação e nos mantém num lugar estreito, próprio da rigidez e da limitação de um corpo.

Sair do corpo é o que propõe a alma mutante. Já o corpo, por sua vez, propõe permanecer na pessoa, resistindo pela Verdade a essa irresponsabilidade da alma de querer nos encaminhar a uma condição que, por ser futura, é imaginada e inexistente.

A vida nos levará ao chão quando, com o peso da Verdade, não pudermos mais alçar voos pela alma. E também nos levará ao vazio quando, leves demais, perdermos contato com a densidade dos fatos do corpo. A alma fere o corpo com traições morais e o corpo fere a alma com verdades.

Verdade *versus* imaginação

Uma faceta surpreendente da inversão ótica é que os livres e os descompromissados estão sempre mais vestidos de imaginação do que os comprometidos e os fiéis. A inventividade da imaginação impõe graves distorções.

Com a maturidade vamos conseguindo desnudar as vestimentas da liberdade e da tolerância que desejam substituir a realidade por seu projeto pessoal. A imoralidade da alma se confunde então com o próprio *yetser ha-rá*, com uma segunda intenção; da mesma forma, o corpo, através da moral, produz hipocrisias que são também segundas intenções. O impulso-ao-mau abocanhará dos dois lados sempre que estes não conseguirem preservar a tensão entre si e abandonarem o diálogo direto.

Na peça *A alma imoral*, adaptação do livro, é contada uma história na qual uma mulher muito pobre procura um rabino para que avalie se a galinha que ela iria preparar para seus filhos estava dentro das normas dietéticas da tradição. Ela foi recebida pela mulher do rabino, que lhe pediu para aguardar enquanto consultava o marido. O rabino olhou a galinha e consultou seus livros, depois tornou a olhar para a galinha e a consultar os livros e por fim determinou que a galinha não atendia as normas da tradição. Então a mulher do rabino foi até a senhora e lhe informou que a galinha estava em perfeitas condições para o consumo. O rabino, ouvindo o que a esposa dizia, veio ter com ela assim que a senhora partiu: "Por que você não transmitiu a ela a verdade como eu lhe disse?" Respondeu a mulher de imediato: "Porque você olhou para a galinha e olhou para os livros, olhou para os livros e olhou para a galinha e disse que não estava em condições! Já eu olhei para a galinha e olhei para mulher, olhei para a mulher e olhei para a galinha e disse que estava de acordo!"

Há, porém, uma versão para a mesma história que não é traidora da tradição e que também apresenta semelhante sensibilidade: nela a mulher traz a questão da galinha para o rabino e este, diferente da mulher, que cria uma nova decisão, tem uma atuação que não precisa passar ao largo da Verdade. A galinha não estava de acordo com os padrões dietéticos e então, para mediar entre a lei e a vida, ele chamou a esposa e lhe disse: "Distraia a senhora, que estou enviando nosso filho ao mercado para comprar outra galinha em boas condições. E aí damos a ela como se fosse essa mesma que ela trouxe para ser examinada."

O rabino olhou a galinha e olhou a verdade, olhou a verdade e olhou a galinha e descobriu que, se quisesse modificar as condições daquela situação, seria preciso agir e gastar do próprio bolso. O compromisso com a verdade exige custos que muitas vezes não estamos dispostos a pagar e por isso usamos de inventividade para trair. Quando fazemos isso não estamos mais traindo em nome do valor que nos motivou, mas acolhendo segundas intenções cujo interesse é resolver problemas sem ter que pagar os custos que a vida impõe.

Quando o rabino mente – já que entrega outra galinha – só está mentindo para si e com consciência de que é uma mentira. Mentir apenas para si, tendo consciência disso, não fere a verdade. Essa é a inventividade do corpo, diferente da inventividade da alma, que se projeta para fora do mundo e quer modificá-lo para ampliá-lo e torná-lo apto a acolher novas alternativas. O corpo sabe que para ter a amplitude de lidar com a vida e não dispensar a Lei ou a Verdade terá ele mesmo que arcar com os custos. Ao arcar com eles, sua intenção, que era a de cumprir a lei, foi mantida. O que se alargou não foram as condições da realidade, mas as condições internas da realidade. A verdade como parâmetro imutável num mundo de princípios estabelecidos não alarga os horizontes, mas oferece recursos que são extremamente libertários.

Sobre o mestre Pinchas de Koritz, conhecido por sua doutrina de devoção à verdade, conta-se um episódio que ilumina este conceito:

Nachum de Chernobil veio até Reb Pinchas de Koritz com o conhecido comentário sobre Arão, o irmão de Moisés. Segundo o comentário, Arão era uma pessoa tão devotada à paz que o chamavam pelo apelido de "amante e perseguidor da paz". Perguntam então: "E qual a diferença entre 'amante' e 'perseguidor'?" E respondem: "Sua preocupação em reconciliar pessoas em conflito era tão grande que ele não buscava isso de forma passiva. Se ele encontrava alguém que estivesse em querela com outro, sempre achava uma maneira de mencionar que o inimigo havia falado bem desse alguém e que o havia elogiado. Com isto, Arão diminuía a rejeição e a prevenção ao outro e abria caminhos para que os inimigos pudessem se reconciliar numa futura oportunidade. Assim ele era, além de amante da paz, seu perseguidor ativo; um interventor que trabalhava para que ela se produzisse."

Reb Pinchas de Koritz discordava: "Eu não faria isso! Se tenho que reconciliar alguém, faço um esforço extra para dizer a verdade. Diz a Torá que onde há verdade, Deus se faz presente. E o que pode ser mais indutivo à paz e ao amor do que a presença de Deus?!" (*Four Chassidic Masters*, A.J. Twerski)

Às vezes pensamos que vamos obter ganhos distorcendo a verdade. O que o mestre aponta é que o ambiente mais propício para preservar a paz é onde estiver a verdade. No entanto, nossa imaginação vai logo produzindo novos cenários que lhe parecem mais favoráveis a fim de produzir o efeito desejado. E é sob essas condições que somos iniciados no comportamento mentiroso. Nossas mentiras são "perseguições" ativas com a melhor das intenções. O problema é que estas se tornam segundas intenções.

Por conta de sua estruturação, o corpo faz objeção a isso. E o faz não porque é um vilão opositor às inventividades da alma, mas porque esta, sem perceber, está delegando poderes ao impulso-ao-mau. O *yetser ha-rá* recolhe tributos tanto do corpo quanto da alma e, como uma milícia, oferece-lhes uma proteção de que não necessitam. Em vez de protegidos, são chantageados pelo Eu.

Quando começamos a recorrer excessivamente à imaginação e sua possibilidade de trair limitações, podemos nos perder nessa irrealidade. Passamos de adoradores de um Deus de potenciais – Serei o que Serei – para o Deus de nossos desejos deturpados, de nossos segundos desejos. Trata-se do Deus "Serei o que quero que serei" que interpõe às possibilidades e potenciais da vida um racional, um "querer" com agenda própria. No centro desta percepção está a individualidade, a ideia sedutora de servirmos ao único e real mandatário de nossos interesses, o Eu. Mas, ao servi-lo, não estamos servindo ao sujeito de nossa pessoa, e sim ao que queremos querer. Estamos então numa câmara de múltiplos espelhos, onde é muito difícil detectar o epicentro da existência. Essa forma difusa é a que oferece presença para a consciência.

Por essa razão, os sábios chamavam atenção para o fato de que o *yetser ha-rá* se alimenta não apenas de atos produzidos pelas segundas intenções, mas das crises e terrores de ausência que uma pessoa experimenta.

Diziam: "O impulso-ao-mau está menos preocupado com a mentira ou a falsidade que produzimos e mais com o efeito depressivo que elas causam. Isso porque seu poder de enredar por meio da depressão é maior do que a partir de uma falsidade ou de uma mentira específica."

O efeito causado pelo encadeamento de inventividades, de mentiras que tentam integrar a vida às nossas vontades, é o que nos deixa vazios e ausentes. E aí viramos presas fáceis da promessa de presença que se apresenta à consciência. Dominados por toda sorte de inventividade disponível para fantasiar equilíbrios, somos ainda mais empurrados pelo medo de ausência em direção ao *yetser ha-rá* e a suas promessas de presença pelos caminhos do prazer, do reconhecimento e da recompensa. O mundo externo passa a ser indispensável para um indivíduo ser, e assim se estabelece o mundo material. Por materialismo deve-se compreender a esperança de existir não como um fenômeno em si mesmo, mas nos reflexos do corpo sobre as coisas do mundo.

Os sábios reconheciam que o mais poderoso recurso da imaginação é o medo, que pode ser definido como uma mentira muito sofisticada. O medo não é a subversão de um fato ou evidência, mas uma mentira sobre o tempo. Ele não distorce a realidade em si, apenas o seu tempo. Em vez de olhar a realidade no presente, o medo faz com que a vejamos nas imagens projetadas sobre o futuro. Como o futuro não existe, tudo aquilo pelo qual nos preocupamos está no território da mentira, produzido pela inventividade. Mestre de Koritz alertava:

> Não devemos temer o *yetser ha-rá*, mas apenas permanecer conscientes de sua atuação incessante e nos prevenirmos. Quando você teme alguma coisa, isso faz com que você perca controle de si. Com exceção ao Temor a Deus, nenhum temor é construtivo. E temer o impulso-ao-mau é como se entregar a ele. Porque quando somos aterrorizados por algo, isso significa que já estamos subjugados a esta mesma coisa. Quando não estamos amedrontados, mantemos supremacia sobre ele! *(Imrei Pinchas HaSholem)*

O medo é o território das imagens. Ali o Eu se sente mais seguro do que em qualquer outro lugar porque dificilmente pode ser desmascarado. O medo é mentira pura, aparência das aparências. Ele tenta neutralizar o elemento mais poderoso do corpo e que tanto o ameaça: a dor. Diferente do medo, a dor localiza-se no território da verdade, que é o agora. E é normalmente por conta da dor que o Eu busca refúgio na alma para contrapor-se ao corpo. Da alma o Eu arrebatará seu potencial imaginário para então substituir a dor pelo medo. "Não é tanto o que me dói que me assusta, mas o que pode doer!", diz o Eu vestido de alma. Exatamente porque a alma tem poderes de abrir mares e rumar para o desconhecido e o inexplorado, ela também é o refúgio perfeito para as preocupações. Por sua vez, as preocupações têm como segunda intenção dar conta das ocupações. Em vez de se ocupar com o que dói, a preocupação nos conduz a uma terra mentirosa do que pode vir a acontecer. Ali o Deus da possibilidade e da transformação se faz um ídolo pleno de imagens para acobertar o que é. Tanto podemos nos alojar no tempo futuro da preocupação – "poderá ser assim" – como em seu tempo passado – "poderia ter sido assim". Ambos os tempos são imaginários, compostos de imagens que não são outra coisa que segundas intenções.

A dor é uma pauta para o corpo.

Há uma história chassídica sobre uma menina que começou a chorar sem explicação. No início, seus pais não deram muita atenção, mas passaram-se horas e até um dia inteiro sem que ela parasse de chorar. Um médico foi chamado e não conseguiu acalmá-la. Temendo por sua saúde, os pais resolvem apelar para um rabino. O rabino foi trazido até o local onde estava a menina e, aproximando-se dela, delicadamente sussurrou algo em seu ouvido. A partir dali o choro da menina foi cedendo; ela soluçava de forma cada vez mais espaçada até que finalmente parou de chorar. Passaram-se muitos anos sem que ninguém soubesse o que o rabino havia sussurrado ao pé do ouvido da menina. Foi só em seu leito de morte que ela revelou as palavras ditas pelo rabino naquela ocasião. E foi isso o que ele lhe disse: "Chore, pode chorar. Mas chore apenas o que dói, nem mais nem menos, apenas o quanto dói!"

Todo choro contém uma fração que não é de dor, mas de uma segunda intenção que quer controlar a dor. Para realizar isso o Eu tem como artifício transformar a experiência do acidente que causa a dor numa ameaça constante. O choro passa a existir por preocupação e por controle, não mais pelas consequências dolorosas do ocorrido, mas pela possibilidade de esta dor se repetir. No choro está o truque de transformar nossa impotência, o fato de que somos vítimas, numa forma falsa de potência e controle. Reagimos assim não só à dor, mas à injustiça da dor e à perda do privilégio que ela representa.

O rabino da história sabe que a dor é uma medida muito importante para desmascarar o *yetser ha-rá*. O impulso-ao-mau está sempre querendo nos vitimizar e construir um drama, estimular uma percepção da dor em vez da dor em si. O impulso está neste Eu que interpreta a dor, e que rapidamente quer incluí-la como evidência ou metáfora de sua ideologia ou do enredo particular que constrói para si. É muito importante entendermos que qualquer dor antecede o Eu e que a experiência da dor depois de sua interferência se faz totalmente distinta.

A menina entendeu o que o rabino lhe disse porque em seu choro havia dor, assim como uma segunda intenção. Desvincular a dor dos pensamentos e manipulações do *yetser ha-rá* é um importante artifício para resgatar a si mesmo.

A primeira intenção – no caso, a dor – não precisa deste Eu para mediá-la. Podemos estar conscientes e vivos sem precisar que o Eu transforme a dor em raiva, que tente apontar culpados pela dor ou elaborar alternativas que a teriam evitado. Aqui a imaginação trabalha contra, afastando a verdade e adornando-a com requintes desnecessários que nos alienam da realidade. Passamos a viver a trama interna em vez do fato ou da sensação em si. Dessa forma, traduzimos a realidade em pensamentos que de forma ilegítima se apoderam dos cenários e da vida.

A capacidade de expor os mitos que atrelamos à vida, os enredos pelos quais muitas vezes queremos substituí-la, flagra e desnuda o impulso-ao-mau. Com isso revogamos seu privilégio de nos mediar com a vida e anulamos uma procuração perversa que nos rouba a própria existência. O truque, a promessa enganosa, é sempre a de nos prover presença. Mas não precisamos desta presença se estamos existindo e é a isso que nossa consciência resiste. Ela quer nos fazer acreditar que estamos nus, experimentando a vida de forma direta.

A vestimenta é nosso sinal secreto, a senha, de que tudo que está por trás da presença é uma falsa existência. Ou seja, uma tática de controle com profundas implicações e efeitos colaterais. Quando fugimos da dor ficamos entregues às histórias que se criarão sobre a dor. Encadeadas, essas histórias vão gradativamente se fazendo representar na memória como nossas presenças pela vida afora. Nessas imaginações estarão o Eu e sua biografia, mas também uma perturbadora ausência. Suprimir a verdade e substituí-la pela imaginação veste não apenas de metáforas e leituras a vida, mas torna irreconhecível o nosso sujeito. Assim, nas ruas e nos lugares públicos, é correto nos representarmos vestidos. Pela vestimenta manifestamos uma honestidade que proclama: "Quem está aqui presente não sou eu, mas meu sujeito vestido de segundas intenções! Para conhecer a verdade de minha nudez não se iluda por este Eu que me representa, ele é sinal de minha presença e também de minha ausência."

É a dor que reencontra o corpo. E a roupa é o resquício da lucidez, seu último bastião.

Monogamias e compromissos

O corpo resiste ao impulso-ao-mau diferentemente da alma. Ele não quer a liberdade, mas a verdade. Seu recurso é a vestimenta e por ela faz sua denúncia constante de um componente artificial no ser humano. Dessa forma, ele resiste "ao que é visto" e atenua o papel da visão como poderoso recurso a ser utilizado pelas segundas intenções, impondo restrições aos pensamentos e à imaginação.

O corpo se contrapõe à imaginação através da tradição e da lei. São estes os elementos que restringem o pensar. Verificamos, portanto, que estabelecer verdades é um exercício importante para preservar nossa autonomia e não sermos engolfados pela imaginação. Serão estes compromissos, normalmente manifestos pela lei ou pelos costumes, que vestirão os pensamentos, impedindo que se façam valer de uma nudez de que não dispõem. As leis impõem à liberdade da imaginação uma roupagem que delata o seu descompromisso com a verdade.

Seja qual for a verdade, se reconhecemos que na miríade de segundas intenções fica impossível saber se estamos ou não manipulando algo para apresentá-lo como verdadeiro, mesmo assim compromissos com a verdade são fundamentais para nossa consciência. Assim como a alma responde pelo potencial humano no futuro e nele nos reconhecemos, da mesma forma o corpo disponibiliza o tempo presente e nele também nos reconhecemos. É no presente que estão as dores e as verdades. Afinal, o presente não é algo que pode ser – ele é. O inexorável é sua qualidade maior e só o compreendemos na hora da morte. A morte se impõe como *emet*, como verdade, porque é inflexível aos quereres da imaginação – um presente sem futuro. A incondicionalidade deste presente nos faz compreender que existe a verdade e que qualquer alternativa imaginária é ineficaz e impotente. É daí que jorram a fonte da lei e seu hálito autoritário. Sua essência é a inflexibilidade, que reprime os aspectos mutantes e transformadores da alma. É na morte que a alma realmente reconhece seu corpo. Esse reencontro não poderia deixar de dar fim à consciência.

A morte é o lugar que a consciência forjou; faz parte da cultura e está relacionada com os limites à imaginação. O desejo de fixar aspectos definitivos em nossas vidas se origina desta compreensão de limite e finitude. Dele vertem verdades que impactam a identidade e que nos cobram pactos com a lei e com a tradição. Como num ato de castração autoimposta (talvez de circuncisão!) esses pactos aproximam nossa consciência de seu sujeito sob protestos da alma. Isso porque a lei veste nossos desejos, apontando que nem todos eles são verdadeiramente nossos. Há segundos desejos tão disseminados em nós e em nossas vidas que precisamos marcar suas frontes com a marca da falsidade. Já que não temos como julgar os desejos – sob a ameaça de produzir terceiras, quartas e infinitas intenções nos jogos mentais – simulamos proibições. Essas inibições são como sacrifícios, talvez desnecessários a um terceiro observador, mas que fazem muito sentido na tarefa de nos reconhecermos entre amontoados de reflexões e reflexos.

É nesse sentido que a "traição" do corpo é a fidelidade. Para o corpo não há liberdade se não houver compromissos. Daí emana a faculdade de ter ciência (*con-ciência*) oriunda da Árvore do Bem e do Mal. O arbítrio gera valores e, com eles, pactos – nossas crenças e a forma corpórea de resguardarmos o sujeito. Mudar de crença é de fato mudar a si mesmo. A consciência, por não suportar esse estado de impermanência plena do Eu, vai buscar na alma o seu próximo Eu no futuro. Os projetos e os sonhos ficam assim dando estofo ao temor de não estarmos presentes. O *yetser ha-rá* se alimenta disso e encoraja a alma a imaginar. A contribuição do corpo está em temperar estas tentações com compromissos e crenças. Eles inibem a infinita mutabilidade da alma e produzem, por atrito e resistência, o ectoplasma que materializa o sujeito. Sua aparição assombrosa deleitou Adão e Eva num primeiro momento para logo instaurar uma suspeita: estavam diante de si ou de um impostor? O Eu mais confiável mostrou ser o Eu vestido, pois na condição de nudez não inspirava credibilidade. Minhas vestes, sejam elas os pactos e compromissos que assumo, legitimam o Eu pelo lado do corpo. Apesar de ludibriarem a passagem do tempo e a mudança constante no que poderia ser diagnosticado como uma compulsão, os pactos acabam por estabelecer vínculos com a verdade e, a partir dela, com o sujeito. Porque são nossas crenças que fazem do Eu uma caricatura e o expõem a uma auditoria que seria impossível no terreno reflexivo da imaginação. A veste, por mais artificial que seja, e precisamente por delatar um estado afetado de dissimulação, interrompe o fluxo interminável de reflexos. São as vestes que dão sombra ao Eu e garantem a sua aparição. São elas que impõem resistência à luz e nos fazem presentes – embora não tão lúcidos como nos imaginamos. Isso acontece pois na presença há uma distorção que alma e corpo tentarão regular. E o farão por traição e tradição, por infidelidades e pactos, até que a imagem não seja excessivamente adulterada e se faça suportável como representativa de nosso sujeito.

Dessa forma, a sombra dos pactos que o corpo consegue projetar é uma aproximação pela verdade, pela morte, que é a certeza plena do corpo. A morte não é uma transformação que se rende à alma, mas uma verdade que limita a mudança. É aqui que a alma quer se fazer eterna, quer transgredir o pacto que a vida impõe. A alma quer imaginar uma alternativa para o fim. E o fim é monogâmico, um casamento implacável que a vida impõe à consciência. Não haveria morte se não houvesse a imaginação, da mesma forma que a morte é o antídoto à imaginação.

Do corpo emana a compulsão por aproximar passado e futuro e torná-los semelhantes, reprimindo a perspectiva mutante da alma. A duração passa a ser uma qualidade, e a capacidade de tolerância e persistência se torna existencialmente importante para a consciência. O ônus do sacrifício, da vida perdida, é pago pelo bônus da presença da verdade, de uma morbidez que resgata a integridade em um sujeito. A verdade é sempre a força de Tânatos, e a imaginação a força de Eros. Na tensão destas duas forças está o sujeito. O Eu, ora mórbido, ora devasso, é sempre uma aproximação embaraçosa. Nenhum de nós faria nada diferente além de buscar uma folha de parreira e cobrir a nudez deste Eu. Declaramos o seguinte ao mundo: Cá estou, mas não me tome por este Eu!

O mesmo sentimento que tem um adolescente em relação à vergonha de seus pais é o que sentimos em relação a nós mesmos. Vergonha do corpo e vergonha da alma – do reprimido e compulsivo do corpo e do depravado e voluptuoso da alma. Estes dois lados do Eu são feios e execráveis tal qual uma aberração. E o terror que causam as distorções dos pesadelos é o mesmo que experimentamos ao perceber, no espelho, que o corpo é proeminente ou que a alma é proeminente. Seja o compromisso com a verdade ou a entrega à liberdade, qualquer excesso nos assombra com o mais bizarro dos seres – o monstro maior do qual só o Eu pode nos proteger.

Vestidos, estamos livres desta nudez que surge nos pesadelos. Por isso muitos dos pesadelos na infância têm a ver com chegar de pijama na escola. O pesadelo é sobre a nudez, mas ela é mediada, como na vida real, por um erro mais suportável – que é o de estar inadequadamente vestido. Mesmo vestido de forma errada, ainda assim estamos protegidos da pior das gafes, da mais repulsiva possibilidade de estarmos nus diante dos outros.

Nossos pactos, sejam matrimoniais ou crenças em geral, fazem da moral e da tradição um antídoto às segundas intenções. O corpo apresenta suas armas, que não são irrelevantes. Se a alma parece levar vantagem com Eros e o seu abraçar mutante da realidade, o corpo desvela o sagrado de Tânatos e embaraça a alma. Ela descobre assim que uma parte de si não é alma, mas um Eu, um impulso-ao-mau que furtivamente se faz passar por sujeito.

A morte e a moral

Na luta contra o autoengano, o ser humano deve recorrer a todos os recursos disponíveis. E eles vêm de dois extremos. Da parte da alma isso acontece pela capacidade imoral de levantar acampamento e seguir seu destino rumo a um lugar mais amplo e mais harmônico com a vida. Esse é o ensinamento promovido pelo ato do nascimento, que troca o útero pelo mundo e onde se enfrentam as contrações necessárias para possibilitar este processo. Assim, a ruptura e o risco se legitimam; teremos que reproduzir nossos partos pela vida afora.

Há, porém, o recurso proveniente do corpo, que deve também ser considerado. Esse recurso, no entanto, não decorre da tensão produzida pelo nascimento, como no caso da alma. Seu tono vem da distensão que a morte exerce sobre a vida. Desde o nascimento há uma tensão e a partir da morte há outra. Nessa flexibilidade, a vida se manifesta e a consciência registra o estiramento destas forças.

Mencionamos que na escrita de pergaminhos é comum que o calígrafo, ao chegar ao meio da linha, comece a calcular o espaço para as letras. A razão disso é poder garantir que toda a escrita caiba na linha sem ter que terminar a mesma com um garrancho típico de quem não soube administrar espaços. Na vida também é assim. O sentido de tudo começa com Eros e sua tensão voltada para o rompimento. As forças são estruturalmente reprodutivas e a potência do indivíduo não está em preservar-se, mas em arriscar-se para promover a transmissão de si mesmo a partir de novas gerações. Parece ser o reverso, mas não é. A alma rompe e se desenvolve com um metabolismo radical, aceitando adaptações constantes que demandam riscos e ousadias. É a força de autopreservação que a faz acreditar na mudança e na mutação. Todas as formas mutantes surgirão na juventude, que experimenta caminhos novos e afronta os já percorridos. O corpo, por sua vez, experimenta a preservação pela prática da precaução e da resignação. Cumprir, em vez de transformar, é seu destino. A alma se mobiliza por Eros, o corpo por Tânatos.

A tensão que existe em uma geração está no núcleo da consciência: a imaginação serve para que nos arrojemos sobre o futuro, mas também para que reverenciemos a finitude. Nessa confluência entre liberdade e verdade, entre livre-arbítrio e interditos, entre alma e corpo, a consciência nos enxerga.

É da morte que emana a moral do corpo. O texto de Eclesiastes (*A sabedoria daquele que sabe*) ilustra esta tensão com a finitude. Revela não haver nada de novo sob o sol e que tudo não passa de uma névoa de nadas. Em contraposição ao texto imoral do *Cântico dos cânticos*, que exalta a força de Eros, Eclesiastes registra a influência de Tânatos. Nessa tensão o sujeito se reconhece porque há desejo e há compromisso. Eros se liberta na primavera e permite travessias inusitadas; Tânatos se apresenta no outono e reencontra a verdade que consagra limites.

Sobre a cultura vamos verificar a influência de ambas as tensões. A moral é uma produção da consciência pela vertente dos compromissos. É correto reconhecer que a moral também terá uma componente manipulada pelo Eu, pelas segundas intenções, que engendrarão o moralismo e a hipocrisia. Porém esse tono moral é plenamente autêntico por conta do contexto finito em que se insere a vida. Esse elemento fidedigno que emana da verdade é responsável pela manifestação tradicionalista e até mesmo fundamentalista. Não estamos falando do fanatismo que como muito bem explica Rav Kook é o fenômeno de dar relevância ao irrelevante e irrelevância ao relevante. No caso da tradição, há sentido e autenticidade na busca por fundamentos. E os fundamentos têm uma relação muito próxima com a morte.

Entenda-se por morte, não a morbidez, mas a ponta final que dá tensão à vida. Morrer é um recurso importante para o resgate do sujeito em meio a suas imagens e segundas intenções. A morte é a manifestação da vida que flerta com a verdade, aproximando o sujeito de seu corpo e também de sua natureza viva, animal.

Nosso corpo é sempre uma oferenda disponível para que a vida se manifeste pela verdade. O que nossa consciência percebe, para horror de nosso Eu, é que o corpo é o lócus da preservação, mas também é uma oferta no cardápio da vida. Não temer essa função corpórea nos aproxima da verdade e recoloca a morte não apenas no seu lugar final, mas como um ativo constante ao longo da vida. O sacrifício potencial a que o corpo alude pode resgatar muitos significados do sujeito e desnudar impulsos-ao-mau. Essa tensão é bem representada no seguinte relato do Talmude:

Matitiau ben Heresh era um homem rico e temente a Deus. Era também caridoso e devotado ao estudo. De tanto amor que tinha pelo estudo, seu rosto resplandecia quando buscava o conhecimento. Certa vez, enquanto estudava, Satã passou por ele e sentiu inveja do que viu. Foi até Deus e perguntou: "O que é Matitiau ben Heresh para ti?" Deus respondeu: "Ele é um homem de bem e justo!" Satã pediu permissão para testá-lo e foi até Matitiau sob a forma da mulher mais bonita que já existiu desde Naamah, irmã de Tubal Cain, pela qual até mesmos os anjos se alvoroçavam. Quando Matitiau a viu, voltou seu rosto para o lado oposto. Ela insistiu e dirigiu-se para onde ele a pudesse ver. Então Matitiau pegou dois pregos, aqueceu-os no fogo e com eles cegou seus dois olhos. Satã se assustou e correu aos céus, contando a Deus o que havia sucedido. De imediato, Deus convocou Refael, o anjo da cura, para que descesse na terra e curasse os olhos de Matitiau. Mas Matitiau se recusou, dizendo: "O que foi, foi." Refael retornou e contou a Deus o que Matitiau lhe dissera. E Deus disse a Refael: "Desça e garanta que ele nunca mais será importunado por essa tentação." Ao ouvir isto, Matitiau permitiu que fosse curado.
(Hukat 66a)

Essa história, fundamentalista em princípio, não deixa margem de dúvida sobre a escolha de não se deixar dominar por aquilo que os olhos veem. Para o personagem, a verdade é muito mais importante que as multiplicações de imagens. Tanto é assim que está disposto a perder a visão para não comprometer esse atributo. Satã se assustou não por causa da violência do ato, mas pela potência de Matitiau em conter o *yetser ha-rá*. Nesse sentido, o descaso pela cura é revelador de que Matitiau está sob influência moral da morte. Que seu corpo seja maculado por esta força é não apenas legítimo, mas um recurso que não pode ser ignorado.

Não só Eros liberta pela alma, mas a morte liberta pela via do corpo. E, se somos responsáveis por este corpo, também temos para com ele compromissos na esfera de sua inserção na vida. O encaixe do corpo na vida é sua condição inerente de oferenda e a possibilidade de dispor dele quando necessário. Essa é uma verdade que, por força de sua função, é esvanecida e negada pela imaginação. Esse lugar de autossacrifício é indispensável para que a vida tenha tensão e motivação.

Conta-se que quando o Maguid de Mezerich faleceu, seus discípulos passaram a noite toda compartilhando memórias de seu mestre. Em dado momento, um dos discípulos perguntou se alguém sabia a razão pela qual o mestre ia todas as madrugadas para a beira do lago escutar o coaxar dos sapos. A resposta veio de Reb Sheneur Zalman, que disse: "Isso é o que eu acho que ele fazia... Sabemos que o Rei David, quando estava por concluir o Livro dos Salmos, se voltou ao Criador e disse: 'Há outra criatura que cante mais louvores a Ti do que eu?' Repentinamente um sapo saltou à sua frente e o reprovou: 'Quanta arrogância, até mesmo para um rei! Saiba que eu canto louvores muito mais intensos do que os teus e cada um deles tem para lá de três mil interpretações! Mas isso não é tudo. Minha própria vida cumpre uma função muito especial, já que no outro lado do lago vive uma criatura cuja sobrevivência depende de comer-me a mim. Quando está faminta, eu me ofereço a ela em cumprimento ao que está estipulado no texto sagrado: Se teu inimigo está faminto, dê a ele de comer!'" Reb Sheneur Zalman então concluiu: "Vocês entendem? Cada criatura tem uma melodia que canta ao Criador de sua própria maneira. E o saudoso Maguid ia todas as manhãs para aprender o canto do sapo." (*Tales of the Hasidim*, Martin Buber)

A grandeza do canto do sapo estava não só no conteúdo de sua melodia, mas no fato de que ela o expunha em pleno lago. Exaltar o Criador era o mesmo ato que o tornava vulnerável a seu inimigo, representante inexorável da essência da vida. Seu corpo resgatava assim seu lugar na vida, onde seu canto e sua nudez sempre atraem perigos. Essa exposição faz o corpo integrar-se à totalidade da existência à sua volta. Sua potencial morte não é uma imolação desnecessária, mas uma realização pessoal. Alimentar seu inimigo não significa realmente oferecer seu corpo em holocausto nem morrer por ele, mas resgatar sua música permite que a falta de sentido – o vazio inimigo – seja alimentado. Esse ato de recolocar o corpo na vida e na realidade, no altar da verdade, tem ingredientes indispensáveis para aplacar fomes de todas as ordens. E a morte não estará alijada deste drama, muito pelo contrário. Não há melodia pessoal, corpórea, se não soubermos pelo que e por quem estamos dispostos a morrer. Esse fundamento da vida está incrustado em sua melodia pessoal.

A relação da vestimenta e do fundamentalismo é grande. Ele cobre seja por burka ou capota a nudez da alma e revela seu componente impostor. Onde a alma eclipsa os limites do corpo, ela alimenta o *yetser ha-rá*. O impulso-ao-mau muitas vezes se escudará no valor máximo da vida para obliterar o corpo e seus recursos. Em nome de valores humanos e de respeito à vida ele atentará contra ela.

Para que a consciência evite ser facilmente ludibriada pelo *yetser ha-rá*, a tensão que se origina da morte pelo corpo evitará apresentar esta verdade de forma direta, ou seja, de que somos uma constante oferenda. Ao contrário, tentará camuflar esta verdade vestindo-a. Pelo medo e pela repulsa que a morte evoca perante o Eu, ela terá que se vestir e revestir de lei, sua vestimenta. Toda lei representa a morte e seus limites sob uma vestimenta que lhe permita ser aceita. A lei será a autoimposição de limites para contrapor-se às promessas do imaginário que sonham sempre com lugares inéditos e largos. Mas em vez do lugar proposto pela alma, o corpo anseia por um lugar que seja justo, pleno em justeza. O espaçoso e a justeza não se mostram antagônicos, mas lugares complementares que oferecem bem-estar à consciência.

Em busca do lugar estreito

Uma imagem importante presente em *A alma imoral* era a libertação dos hebreus ao cruzarem o Mar Vermelho descrito em Êxodo. Reproduzindo a experiência de um nascimento, o povo foge do Egito (o lugar estreito) e se descobre do outro lado da margem num novo lugar cujas características são a amplidão e as possibilidades.

No entanto, há outro lugar pleno de vida que não relativiza o presente por conta de todos os futuros possíveis. O Deus que abre mares e faz passar para outra margem, tal como no nascer, é o mesmo Deus que interdita o futuro e mostra sua face pelo limite. Moisés, o líder, não conhece a outra margem no que tange a seu sonho de uma terra prometida, mas seu Deus não se faz menor pelo fato de que sua entrada na terra tenha sido interditada. A fala do limite perpassa a vida da mesma forma que a fala libertária diz: "Marcha!" Essa outra fala diz para que se arrolem e se coloquem à disposição – *it'iatsvu* – Submetam-se!

Reprimam-se e restrinjam-se ao lugar mais justo é a outra fala-polo bem distinta daquela que propõe alongar-nos pelo espaço amplo. A alma diz "Inventem-se!" e o corpo diz "Inventariem-se!". Um fala pelo aspecto pessoal e seu pleito por uma travessia inédita, o outro pelo coletivo e seu encaixe com a vida. Um desbrava, o outro quer achar o seu acerto – que será tão melhor quanto mais justo for, quanto mais ajustado e comedido estiver em seu nicho. A busca por este lugar estreito, o querer estar no lugar justo em meio a todo o resto da realidade, resgata o sujeito e espanta as segundas intenções.

O futuro não pode ser transformado num fetiche da imaginação. Ele não alargará suas sendas, nem abrirá os mares se não estivermos esticados entre o potencial de *marchar* e o de *submeter-nos*. Qualquer outro lugar destensionado, exagerando na medida de que "tudo pode" ou na submissão de que "nada pode" impossibilitará um futuro onde possamos nos reconhecer como sujeito. Toda crise verbalizada na perplexidade "como vim parar aqui?" não é outra senão a flacidez entre as tensões da liberdade e do limite. O futuro que se fez não nos contém, ficamos no tempo passado hesitantes de embarcar num presente sem tensões. Em meio a essa flacidez, as segundas intenções se revigorarão e o Eu se intumescerá.

Mesmo que a alma lance mão de seus sonhos e propostas traidoras para o futuro a fim de fugir da justeza do presente, estará experimentando a realidade pela metade. Quando os rabinos tentam aprisionar o impulso-ao-mau, descobrem que não há meias-bênçãos desde os céus. Não há condicionantes que se possam impor à verdade sem perdê-la no processo. Daí a vestimenta! Daí seu papel fundamental em nossa sociedade e psique. A roupa resgata nossa dignidade não porque oculta o corpo, mas porque dá perfil a nossa tentativa dissimulada de aceitar parte da vida e rejeitar sua outra parte. Sermos seletivos com a existência é o truque preferido para dar contorno ao Eu e iludir-nos com a presença. Mas nesta seleção nosso sujeito também é barrado, já que ele não pode ser fração, apenas íntegro.

Por isso, a relativização muitas vezes é a inimiga no seu mais corriqueiro disfarce. Faca de dois gumes, o mesmo relativo que permite margens de negociação essenciais para a alma é também sua armadilha mais perversa. Se nossa percepção é composta de imagens – e em sua multiplicação excessiva até de miragens –, podemos alegar que tudo é virtual e que sempre se poderá refletir pelo ângulo que mais interesse; é dessa forma que encravamos nosso desejo na realidade. Muito provavelmente estaremos onde "queremos querer estar", multiplicando tantos quereres quantos se fizerem necessários para ocultar que se trata de quereres, e não da realidade. Assim, não só o real é distorcido mas também o desejo.

Conta-se que o Rabino de Ruzhin surpreendeu seus discípulos numa visita e os flagrou sentados à mesa num momento de ócio e bebidas. Percebendo sua desaprovação, um dos discípulos se apressou em explicar: "Certa vez o grande Rebe de Koretz, ao deparar-se com um congraçamento semelhante, comentou: 'A interação amistosa entre alunos pode ser equiparada ao cumprimento do maior dos mandamentos, até mesmo ao do estudo!'"

O Rabino de Ruzhin disse: "Longe de mim contradizer o Rebe de Koretz, mas a analogia depende de como as coisas são feitas." Outro aluno reagiu: "Mas estamos apenas conversando e comendo... e estamos fazendo todas as bênçãos relativas aos alimentos de forma apropriada, então como estaríamos agindo incorretamente?"

O rabino explicou: "Tudo depende da intenção. Se você se coloca por último de forma que os outros fiquem primeiro, então seu ato é altruísta e meritório. Se, ao contrário, você se coloca primeiro, então o que fez é egoísta e tangencia a idolatria. Se você faz algo por alguém ou para Deus, você está sublimando o feito e elevando o ato. Nesse caso, sua ação é sagrada. Quando você faz algo para avançar em interesses pessoais, você está pervertendo o feito e obliterando o divino. Nesse caso, você está cometendo um pecado."

Não satisfeito, o discípulo disse: "Mas o que acontece se, digamos, o ato é em si pecaminoso, mas a intenção é boa... algo como se eu falar mal de uma pessoa para proteger um amigo. Isso é um pecado ou não?"

O rabino respondeu: "A intenção é tudo! Se sua intenção foi em nome dos céus – ou seja, para o bem de outro e não para se beneficiar – então até mesmo um ato equivocado pode evocar o que é sagrado." (*Hasidic Tales*, Rami Shapiro)

O rabino de Rizhin está ensinando sobre o lugar da justeza. O corpo, que conhece seu lugar, não fica tentando priorizá-lo, mas tenta adequar-se. Os alunos tentam usar de segundas intenções, racionalizando o que estavam fazendo a ponto de turvar o discernimento entre certo e errado. O que o rabino de Koretz havia comentado era que a socialização entre amigos é sagrada se isso está realmente acontecendo. Interagir pode ser um estudo mais profundo que o estudo. Mas ficar matando tempo, evadindo-se de seus esforços, utilizando-se da camuflagem de uma interação autêntica entre amigos, é bem diferente. O rabino sabe que a social não está acontecendo por mérito do aspecto social, mas para aplacar necessidades pequenas e mesquinhas de cada um.

A primeira intenção é a que conta. E aqui moral não é moralismo. Não devemos estar mais preocupados com o outro do que com nós mesmos acompanhando discursos falsamente piedosos. A moral é simplesmente um recurso para restringir o Eu. É o Eu que modifica as intenções. Se alguma decisão for tomada para o Eu, saiba que será sempre uma segunda intenção. Porque o Eu é incapaz de fazer algo que priorize o outro. O sujeito, sim, pode fazer, ou melhor, sabe que fazer pelo outro resgata seu lugar justo no mundo. Alimentar o outro – aquele que para o Eu é o verdadeiro inimigo – é vestir o Eu e conhecer seu constrangimento. Assim, não por moralismo, o inimigo deixa de ser o outro, e passa a ser o próprio Eu. Nesse caso, o outro me resgata de estar submergido e sufocado em meu Eu e suas segundas intenções.

Essa justeza nos leva ao querer original e realiza isso por meio do outro, que é o único capaz de denunciar os abusos do Eu e auditá-lo. O outro é sempre um limite que ressoará as influências da morte. Por isso o outro é uma medida indispensável ao corpo e um de seus acessos principais à verdade.

O foco do corpo não é transformar, mas conformar. Não no sentido de abdicar e desistir, mas de mapear todas as fronteiras que o limitam. Nesse amoldamento há um lugar prometido que não está além-mar, mas aqui, no lugar mais ajustado possível.

Quando a imaginação conhece os prazeres de estar no lugar comedido está apta a resistir aos assédios do *yetser ha-rá* pelo encanto da alma. Disfarçado de alma, ele estará propondo não um lugar amplo, mas um lugar de poder e controle. E a moral questionará a legitimidade disso.

Diga ao povo que se submeta – que contenha o seu Eu e sua megalomania antes que a Terra do Alargamento se faça a terra da frouxidão e da perda das tensões vitais – é o que diz a divindade.

A tradição judaica denominou o lugar da justeza como *Tsiduk* (a justificação), e esse é o título da oração feita nos funerais. A poesia convoca a justeza para falar da morte, um lugar estreito em que não é preciso imaginação para salvaguardar o Eu. O Eu se foi. Tal como a vida foi inaugurada pela alma (que passa de uma margem a outra, do lugar estreito ao amplo), a morte é o território da justeza, onde o encaixe com todo o resto da vida e sua verdade resgata sentido.

É interessante a maneira com que a imaginação dos vivos tentará interferir e produzir cenários de como será o pós-morte. Mas a morte não quer a alma, ela quer o corpo. É através dele que a verdade fica restaurada e é a justeza desse corpo em meio a tudo que não é, essa estreiteza plena, que se faz seu local de retorno. Só nesta justeza ele estará pleno em salvação. A mortalha continuará vestindo o que se fez absolutamente corpo. E a roupa não mais esconde a nudez, mas flagra o Eu, dando-lhe perfil em seu traje. Agora sim se vê o Eu puro naquele que se foi. E aos que ficam mortificados com o cessar da liberdade, a liturgia tenta resgatar-lhes o ânimo pela apreciação do extraordinário nível de verdade disponibilizado.

A vestimenta e a lei – burka e shariá

Faria mais sentido falar sobre a *kapota*, a vestimenta tradicional da ortodoxia judaica, e a *Halachá, a* lei na tradição judaica. No entanto, as roupas e a lei muçulmanas é que se popularizaram por meio das polêmicas civilizatórias da última década.

Há uma clara divisão de escolhas na civilização que moldou o Ocidente. Para mim, o Ocidente engloba os povos e países que participam de um mesmo mito, incluindo, portanto, o que normalmente denominamos Ocidente e Meio-Oriente. Foi do Oriente Médio que migraram o mito bíblico e o senso de origem mesopotâmico (*Al Jazirah*) que fundamentam a cultura ocidental. Porém foi entre Grécia e Israel que os dois polos entre a nudez e o vestir se confrontaram. Um pequeno mar separa estes dois hemisférios da realidade. Pelo lado da cultura grega, a racionalidade e a estética compuseram a retórica do bom; pelo lado da cultura hebraica meio-oriental, o sagrado e a lei estabeleceram o discurso do correto. O bom quer se despir; o correto quer se vestir.

O bom deseja de todas as formas resgatar a naturalidade perdida na saída do paraíso. Para o bom, o ser humano pode reencontrar uma graça plena em espontaneidade. O correto sabe que essa é sempre uma aproximação e que o ser humano nunca retorna a seu estado ingênuo. Sendo assim, toda nudez humana é repleta de segundas intenções. Os nudistas chamam seus refúgios de naturismo, mas sua mente os veste de nudez. Eles participam de uma fantasia de se estar nu, já que a nudez plena precisaria de um olhar que não conhecesse o sujeito. Não são a sexualidade e a libido humana que rejeitam a nudez como natureza e fazem dela um objeto, mas o sujeito presente na consciência. O humano será sempre diferente de um ser sem consciência que se relaciona com o desejo unicamente pela fome, seja de comer ou acasalar. Isso porque, para o ser humano não há uma única fome, já que ele é um insaciável produtor de fomes. Em outras palavras: Não há objeto que não estabeleça uma fome imaginária para o ser humano. Basta colocá-lo neste lugar de uma "coisa" passível de uso. O uso pode variar muito, pois é estabelecido não pelo corpo, mas pelo imaginário.

O corpo conhece o imaginário assim como o imaginário conhece o corpo. Esta é, na verdade, a consciência no seu lugar mais pleno. Mais incrível do que entender o mundo à nossa volta é compreender a nós mesmos. É a compreensão de si que demonstra o grau de autoauditoria possível ao ser humano. A inteligência é sempre estúpida se não faz uso da crítica, e esta habilidade só existe se nos percebermos de alguma forma nus. Não falo da nudez da natureza, mas da nudez que nos causa vergonha, criada por nossa autoauditoria. Por um lado, prezamos a estética de sabermos criticar nossos interesses a partir de um ponto de vista exterior a nós; por outro, é esta estética que nos rouba a graça e a espontaneidade. A alma, por um lado, se nutre da força mutante daquilo que pode ser e imagina o impossível.

Ela se esforça em tornar a vergonha irrelevante e afirma a liberdade como um valor maior. Já o corpo acolhe a vergonha com misericórdia e humildemente se veste, dando maior valor à verdade. O grande problema da consciência é que, para ela, a vida tem uma vertente tanto na liberdade (no livre-arbítrio) quanto na verdade (na Lei). O fato de a nudez e de a vergonha nunca se fusionarem numa natureza é o drama de se viver a vida em dois universos tão intensamente reais e imprescindíveis. A consciência, como resumiu Reb Nachman, é uma ambiguidade voluntária que permite ver e entender, mas cujo ônus é uma insolúvel perplexidade.

Essa é a razão para buscarmos a tensão que tempera a vida, porque somente quando estamos entre liberdade e verdade, entre Ego e Lei ou entre nudez e vestimenta identificamos nosso sujeito. Claro, fica difícil desfazer as imagens sempre invertidas e entender que para o ser humano a verdade tem a ver com a vestimenta e não com a nudez. É a vestimenta que nos aproxima do que é correto. Quanto mais vestidos menos livres ficamos, mas menor é a nossa malícia e maior a nossa chance contra o mau-impulso. Isso causa espanto porque a percepção moderna é de que a repressão puritana amplia as fantasias sexuais e suas perversões. E este efeito colateral é real. No entanto, o que fica mais difícil para a mente moderna perceber é que flertar com uma nudez que não é plena corrompe seu comportamento com subliminaridades que podem ser extremamente promíscuas. Elas se concentram no individualismo, que é a soberania do Eu, pelo convencimento de que o sujeito de todos nós é um Eu. Este Eu é o único que pode ficar nu na consciência, mas trata-se não da nudez da vida, e sim de uma nudez presencial. Na consciência, o Eu diz: "Olha Eu aqui nu, gente!" Talvez isso alivie várias repressões à sexualidade impostas pela vestimenta, mas o *yetser ha-rá* se refestela em abundância. O ser humano racionaliza a sua espontaneidade e a sua naturalidade multiplicando exponencialmente imagens de si mesmo, num labirinto sofisticado onde o sujeito se rende à presença. As consequências são descritas como "senso de vazio", perda de esperança e desconstrução do sagrado. A alma sufoca em liberdade e implora ao corpo que lhe oxigene com um pouco de verdade.

Isso é pontual em nossas crises, mas é derradeiro diante da morte. A morte faz a alma recorrer ao corpo para ser norteada por ele. É quando o jovem em nós se encontra com o velho em nós: a vida senta sobre o trono da verdade e só a Lei pode mediar entre o sujeito e ela. Não adianta apelar ao Eu ou à presença, pois ambos se encontram em xeque.

É na rotina fora das crises que esta força do corpo diminui. Para termos uma relação menos cínica para com nossas próprias intenções, temos que saber negar ao Eu seus pedidos. Esta autorrepressão é feita pelos sacrifícios verdadeiros, pois não há sagrado sem sacrifícios. Os sacrifícios têm por função constranger o Eu e desfazer imagens. Tal como a liberdade produz bem-estar, a restrição à liberdade de forma compulsória produz uma sensação semelhante. Submeter-se à vida é ter a possibilidade de experimentar uma nudez que nenhuma liberdade jamais conhecerá.

Esse é o lugar existencial da Lei, que veio religar o ser humano com a vida, compensando a perda dos instintos substituídos pelas intenções e pelos desejos do Eu. Estamos falando novamente de algo que é um contrassenso: a submissão e o sacrifício à Lei restauram o sujeito afogado nas segundas intenções do Eu e oferecem uma conexão mais autêntica com a vida.

A grande Revelação do Monte Sinai veio como um reparo ao ato de comer da Árvore da Sabedoria. E não é por coincidência que as Escrituras são conhecidas na tradição judaica como a Árvore da Vida. A Lei tinha como função mediar entre a consciência e a vida e não poderia fazer isso de outra forma que vestindo o ser humano. A consciência passava assim a ter um instrumento capaz de reconhecer a inversão das imagens e podia vasculhar por entre pensamentos e intenções na busca de si mesma. O livre-arbítrio para se submeter e obedecer se fazia uma chave mestra a fim de abrir caminho rumo ao próprio sujeito.

Sem dúvida, a utilização abusiva deste mecanismo pode atrofiar nossa imaginação, implicando perda de liberdade e alegria e, por consequência, de humanidade. Mas é inegável a sua função no mundo imaginário de bons e certos. A revelação, mais do que o conteúdo das Leis, foi a descoberta de que a submissão ampliava o livre-arbítrio para além de uma esfera mental, recolocando-o na esfera da vida. A verdade não outorga ao livre-arbítrio o poder que o ser humano gostaria, mas lhe concede autonomia. Porque em muitos sentidos a autonomia está relacionada a livrar-se da ânsia pelo poder.

Restringir e vestir aproximam o ser humano da verdade, e essa intimidade amplia a autenticidade sem que com isso o Eu e seu *yetser ha-rá* se extingam. A Lei e a Vestimenta se fizeram o compromisso entre o Eu e o sujeito, entre as imagens e a vida, e possibilitaram o sacrifício das liberdades em troca do sagrado. Dos céus vinha a chave para que a imaginação humana não nos mantivesse prisioneiros do mundano e do superficial. A imaginação, que sempre julgamos ser o que nos dá asas, desde a perspectiva da verdade, é justamente o que nos mantém no chão, pesados de tantas vergonhas e segundas intenções.

A revelação tinha a função maior de permitir a compreensão da *mitsvá*, de uma intenção e uma escolha que não tivessem como fonte o Eu e, ao mesmo tempo, que não suprimissem a autonomia humana. Literalmente, *mitsvá* quer dizer "mandamento", algo que tem que ser feito passando por cima do meu querer e do interesse por minha própria escolha. Mas por que algo teria que ser feito por mim se não é do meu interesse? Essa é a reação que o yetser *ha-rá* fomenta a todo o momento, pois ele reconhece a real ameaça que este tipo de escolha representa. Trocar a presença pelo sagrado é um poderoso instrumento para resgatar nosso sujeito. Porque onde há sagrado, não há vergonha. E onde não há vergonha, imagens e nuances se desfazem e uma nudez mais verdadeira se delineia. Num lugar típico do mundo da consciência, ou seja, de imagens e inversões, é possível que o mais vestido esteja mais nu.

Imoralidade pelo cumprimento

A revelação não explicita em momento algum que um indivíduo deva ser livre, entretanto, determina de forma categórica que "se faça sagrado" (Lev. 19:1) O conceito de sagrado encerra uma qualidade humana que diferencia a compreensão espiritual da científica. Para a ciência e até para certas correntes da psicologia, o ser humano toma decisões sempre baseado em impulsos. Assim como um animal pode decidir não se aproximar de uma carcaça que esteja sendo comida por outro animal maior, barrando seu impulso de fome pelo impulso do medo, o ser humano se comportaria da mesma forma, só que com um maior grau de complexidade. Temendo não só as ameaças reais à sua sobrevivência, mas também a punição associada às regras sociais ou à mera condenação social, o ser humano tomaria decisões de maneira semelhante à dos animais. De acordo com esta visão, nada é verdadeiramente decidido por nós, apenas acomodamos vários impulsos até que seu somatório se apresente como comportamento. Por trás de qualquer conduta civilizada dissimulada, o que temos é um superanimal ponderando sobre receios de sanções e custos que as circunstâncias podem gerar a cada momento.

A percepção de sagrado deriva de outra perspectiva e acredita na diferença qualitativa da natureza humana. Essa diferença estaria na capacidade de fazer escolhas morais. Estas escolhas não seriam o mero evitar da gratificação dos impulsos por conta do temor de suas consequências, mas a capacidade de conter um impulso justamente quando não há possibilidade de implicações desagradáveis. Quando estas decisões são praticadas a partir de valores e sensibilidades do que é certo ou errado, abandonamos a dimensão animal e nos elevamos à qualidade humana.

Para Nachmanides o sagrado surge no momento em que uma pessoa santifica (sacrifica) algo que lhe pertence ou que lhe era permitido. Abrir mão de um desejo sem que isto esteja atrelado a alguma forma de sanção produziria o sagrado. Portanto, o sagrado seria a forma mais sofisticada de liberdade humana e contemplaria sacrifícios e desistências autoimpostas. Por autoimposto sempre entendemos uma forma de cerceamento que parece oposta à liberdade. No entanto, no mundo das imagens inversas do Eu, é justamente ali que se encontram o sujeito e sua essência. Fica assim estabelecida uma conexão fundamental entre o desejo e o sagrado, gerando a seguinte pergunta: "Até que ponto os prazeres nos separam de Deus ou do sagrado em nossa essência?"

Freud, o fundador da psicanálise, propôs desvendar esta revelação quando disse que o Ego e o mundo espiritual só podem se desenvolver quando impulsos são contidos e as restrições morais são aceitas. Com certeza muito do que a psicanálise trata tem a ver com o alto custo pago quando o sujeito, o *self* em seus impulsos e desejos, é frequentemente reprimido. Então em que medida os desejos e o sagrado são opostos e em que medida enriquecem um ao outro?

O que está por trás de tudo isso é a natureza humana, que apesar de imersa num ser animal contempla outra essência. Na ciência a qualidade humana é sempre apresentada como uma quantidade, uma espécie que se distingue por grandeza. Um cérebro maior ou uma inteligência revigorada é que nos faz *homo sapiens* – literalmente gorilas inteligentes. Essa última geração de gorilas é capaz de feitos e habilidades que a distingue das demais espécies, mas sem representar nenhum salto em santidade ou em natureza em relação a estas espécies. A percepção espiritual reconhece, ao contrário, que as características do humano permitem um salto fornecendo um espírito, uma condição totalmente nova ao gênero animal. E essa descontinuidade ou rompimento com o animal estariam justamente não na liberdade de exercer seus impulsos e desejos, mas de contê-los. O grande fator de imoralidade e revolução humanas seria subjugar-se à moral. Assim o ser humano, ao invés de ser um superanimal que tudo caça e conquista, faz de si um antianimal justamente pela capacidade de livrar-se desta natureza. O espírito que há no humano e que não há no animal é derivado daquilo que no animal possibilita o salto a uma nova condição de santidade. Portanto, não haveria um espírito nato no ser humano, mas sim o potencial de estabelecê-lo a partir de seu comportamento.

    Essa revelação mostra que a liberdade não se dá na nudez da consciência, já que esta não consegue impedir a sutileza de seu Eu, que a corromperá de uma forma ou de outra, mais cedo ou mais tarde. O salto está no ato do corpo em declarar sua falência e depois se vestir. Nesse ato de liberdade, ao se subjugar a suas fraquezas, o ser humano se descobre um adicto, um dependente.

    Nesse sentido há uma convergência entre aspectos terapêuticos para viciados e a perspectiva espiritual. Os modelos de ajuda na desintoxicação de dependentes propõem que o viciado busque amparo em uma força superior. Reconhecem assim a impotência do discernimento ou da vontade e validam o poder que o *yetser ha-rá* sempre terá de nos convencer, por meio de racionalizações, a recair no vício. O desejo do Eu e sua necessidade de fomentar presença são mais poderosos do que o recurso crítico da consciência. Será preciso então desqualificá-la para obter um resultado mais permanente. E isso só pode ser feito substituindo sua onipotência pela submissão a um poder maior.

Essa possibilidade de escolha humana de se desqualificar é um salto quântico de consciência com o potencial de aproximá-la de sua nudez, paradoxalmente pela via da vestimenta – mais do que pela liberdade.

Na boca dos crentes essa fala é assustadora porque não é incomum que, na busca deste salto, se exacerbe a importância das falas do corpo e se sufoque a alma. Mergulhados então na busca dessa alquimia da liberdade e rendendo-se a uma entidade superior, tornam-se mais intolerantes e ignorantes que os próprios animais. Transformam-se assim em superanimais numa involução de naturezas capaz de promover o ódio gratuito e a exclusão. Mas dito isso e marcado o fato de que o engano está muito presente nestas escolhas espirituais, há nelas uma fala do corpo moral que salvaguarda a santidade do que é humano.

Para que se entenda essa figura invertida tão complexa que confunde crente e descrente, deve-se prestar atenção nas implicações desta liberdade obtida por submissão.

O texto bíblico apresenta essas ideias em dois mitos contrários. Um que aborda a questão do veneno e outro que aborda o antídoto. O veneno está em Gênesis, em que a consciência interdita a nudez. Esta se faz vergonhosa porque revela a inseparabilidade entre liberdade e segundas intenções. Não é viável uma consciência sem segundas intenções e maus-impulsos. Nossa alma imoral, que por um lado nos liberta, por outro também nos interdita a nudez. Quanto mais livres e imorais somos, menos dependentes ficamos do corpo e podemos nos modificar de forma inovadora. Conhecemos assim a imaginação e sua força redentora. Ao mesmo tempo, ficamos mais distantes da verdade e condenamos nosso corpo a que seja para sempre uma imagem. Por falta de autenticidade temos que vesti-lo para protegê-lo do equívoco de nosso próprio olhar. A imaginação nos rouba o sujeito e seu mágico poder de nos imaginar potencialmente em futuras mutações, nos retira da existência. Livre como um viciado, o ser humano usufrui de prazeres novos e depende de um Eu que lhe suprirá a ausência de si e de sua verdade que só existem no corpo. Essa alma que dá nome e essência ao ser humano e que o nomeia não como *homo sapiens*, mas como Adão – o terroso que se conhece – se fará uma alma penada em busca de seu corpo e de sua verdade.

O antídoto, por sua vez, é dado no texto do Êxodo. Erroneamente caracterizado como um épico onde Deus intervém para salvar o oprimido, este texto tem outra intenção. Deus não interfere na história para salvar. Não precisamos de mais exemplos para reconhecer que na hora "h" Deus não estará na história nem para salvar os oprimidos nem para resgatar o justo. A intervenção divina acontece de forma cósmica e não pontual. Da mesma forma que em Gênesis se fala da autorização divina para que o humano transgrida, criando a possibilidade de se responsabilizar por seu desejo e erro, em Êxodo, Deus aparece como uma força maior disponível para que o ser humano se submeta. O antídoto ao vício da consciência é a submissão à Lei. O ser humano abre mão de sua dependência não pela autonomia plena, mas pela obediência. Não será mais a obediência animal e seu servilismo inconsciente, mas a sujeição eleita por arbítrio. O antídoto é o compromisso – *naassé ve-nishmá* – "faremos e então discerniremos". O texto bíblico propõe esse ato revolucionário de contracultura à consciência humana que é a de sua suspensão temporária para poder acatar e obedecer antes de discernir. O comando divino, o aspecto sagrado, se apresenta como alternativa ao despotismo do Eu e seu capital de barganha, que é sempre a promessa de presença e gratificação. Nesse sentido há salvação para se escapar do lugar estreito da consciência. E neste lugar estreito habita o faraó que aprisiona o corpo. Este quer sair da escravidão e quer vestir-se de leis para fugir da mentira do Egito, do lugar estreito. Essa mentira que é atraente tanto pela estética egípcia quanto pela concepção individualista e autocentrada do faraó propõe que nós mesmos somos a força mestra de nossas vidas. Onipotentes, nos observamos nus no espelho. Mas não é o corpo que enxergamos, e sim suas múltiplas imagens. Na "nudez" a mentira e na mentira a distância da compaixão. O faraó traz a promessa de presença, de autoendeusamento, que só será alcançado por processos de embalsamamentos. Esses processos falsificam a presença por imagem, por matéria que não tem essência, mas que enche os olhos. O que é visto não é necessariamente o que é e as múmias não são mais os faraós, mas as imagens distorcidas que estes tinham de si mesmos. A nudez da liberdade e do individualismo é a nudez dos sarcófagos – um corpo feito de pó muito diferente do pó de Adão que se fez corpo. Neles há morte dissimulada de vida assim como a presença que normalmente se encontra nos olhos do deprimido, arenosa e árida como o chão que come a vida.

O Êxodo é a saída do vício da consciência. Nele se relata a mão estendida de uma entidade superior para que o ser humano se livre de si mesmo, de seu Eu autoritário e déspota. Do outro lado do mar, para os que saírem deste lugar estreito, não está a autonomia da alma, mas o seu reencontro com um corpo vestido de moral e de lei. As segundas intenções e o *yetser hará* temem o potencial desta escolha de submissão e utilizarão, oportunidade após oportunidade, todo o potencial de convencimento da liberdade para que se abra mão da verdade.

Humanismo e racionalização

Para o corpo há mais grandeza na escolha por obedecer do que na escolha pelo discernimento. Para usar uma expressão que Martin Buber cunhou, há maior importância no compromisso do que no discernimento. Isso é difícil para nós porque nossa sociedade se baseia na construção civilizatória grega do discernimento, que é claramente temperada no Ocidente pela tradição judaico-cristã, e particularmente, pela oposição judaica ao discernimento como forma exclusiva de encontrar a verdade.

Para entender esta mentalidade judaico-cristã, temos que observar a incompreensão de um leigo perante a atitude dos que se submetem à revelação da Lei. Um exemplo do texto bíblico ilustra esta dificuldade. No relato do Êxodo, o faraó determina que todo varão judeu que nascesse por seu édito deveria ser aniquilado. As parteiras (e duas delas são nomeadas no texto) rejeitam essa ordem e a descumprem. Mas o texto diz: "E temeram a Deus as parteiras e não fizeram como lhes havia falado o rei do Egito, e deixaram os meninos viver."

Os sábios enaltecem a ação das parteiras particularmente porque elas não o fizeram por juízo, mas por "temor a Deus". Se tivessem chegado a tal decisão por discernimento – porque entendiam o que era certo e o que era errado – seu ato não seria tão virtuoso quanto foi, por terem agido por "temor a Deus". Na contramão de nossa cultura, os sábios reconhecem que a escolha de se submeter a uma potência superior ao discernimento é a conduta que possibilita livrar-se da gradativa distorção que a consciência exerce sobre um ser humano. Tivessem agido por humanismo, teriam chegado ao resultado correto, mas estariam sob a influência da racionalização, que é fruto de toda decisão da consciência. Esta racionalização equivaleria ao somatório de seus impulsos, com os quais considerariam possíveis retaliações sociais e morais. Ela induziria à ação não por aderência a princípios e valores, mas como resultado do mecanismo animal de temores que reprimem seus impulsos. O temor a Deus é o salto qualitativo que um ser humano pode realizar e se coloca no lugar do temor das retaliações mundanas do outro, da sociedade ou da cultura. A introjeção desta escolha de submissão é a ação maior do corpo que resgata a alma e sua imaginação pelo espírito, trazendo de volta a nudez. A lei, a reverência e o temor difuso rendem ao ser humano a dimensão sagrada que restitui seu verdadeiro sujeito.

O que esta proposta espiritual diz é que o humanismo é sempre uma racionalização e que nos faz perder a capacidade de reconhecer as imagens das quais somos construídos. Mesmo que o resultado seja o desejado, mesmo que conduza aos acertos que os olhos veem, distorce a verdade de maneira irreversível. Toda a racionalização tem como pano de fundo a ideia de que "eu fiz". Essa autonomia que centra todo o poder no próprio ser humano conduz ao vício, à gradativa adição a um comportamento destrutivo. No comando destas ações generosas e cheias de virtude estará o Eu com sua promessa constante de presença.

Se a bondade por racionalização tem a grandeza da escolha e da liberdade de ação, por outro lado vem crivada de segundas intenções. A escolha dos sábios da tradição, dos senhores do vestir e não da nudez aparente, é clara: melhor o errado que não se afasta da verdade do que o correto que dela prescinde. Por isso a preferência tão surpreendente da tradição pelo "perverso que se sabe perverso" mais do que pelo "justo que se sabe justo". Nas palavras do Vidente de Lublin, "Um *rashá* [um maldoso] que se sabe maldoso é melhor que um justo que se acha reto." E como conceber que aquele que age com menos grandeza pode ser considerado melhor do que aquele que age com nobreza?

Isso só é possível se entendemos que o primeiro tem a virtude de não enganar a si mesmo; já o segundo, por não desconfiar de suas segundas intenções, se faz presa fácil de construções errôneas sobre si e sobre a realidade.

Portanto, a verdade nunca é obtida ou alcançada, como querem nos fazer crer a racionalização e o discernimento. A verdade é um dom, um dado que pode ser preservado ou não dependendo de nossas ações. Por essa razão, a partir da visão do corpo, se faz mais virtuoso e nobre o ato das parteiras por temor do que por discernimento. O discernimento é, na verdade, o ocultamento de outros temores. O compromisso, por sua vez, é reconhecer potência em outra esfera distinta do Eu e de sua presença.

A racionalização é a tentativa de utilizar conceitos superficiais e sobrepô-los a princípios mais importantes. O *yetser ha-rá* adora usar a fala humanista porque esta coloca ênfase na boa ação do momento, mas pode estar construindo uma percepção de mundo que, lá na frente, defenderá privilégios e direitos do Eu, ao custo de mais perversidades. Nessa fala, o humanismo que se preocupa com os direitos humanos em primeiro plano pode estar fomentando ideologias de alto grau de destrutividade em outro.

É neste lugar que a modéstia aparece como um conceito bastante curioso. Na tradição, a modéstia está diretamente correlacionada com a vestimenta e os bons costumes. O narcisismo está para a nudez como a modéstia está para a roupa. Mas a nudez do narcisismo é uma composição de imagens onde o verdadeiro corpo nunca se fará visível.

Vale lembrar como ilustração uma citação de Arthur Schopenhauer: "Nas pessoas de capacidade limitada, a modéstia não passa de mera honestidade, mas em quem possui grande talento, é hipocrisia."

Se, por um lado, há sagacidade nesta crítica, por outro se revela o grau de segundas intenções na escolha narcísica do pensador. O terror de se ver diminuído em seu Eu suplanta o terror de estar trazendo toda sorte de incorreções à sua imagem em aviltamento à verdade. Por mais talentoso que se seja, o prazer contido na sensação de presença deste sujeito talentoso distorce e corrompe o mais poderoso dos pensadores.

Embevecido por seu pensar, o pensador perde o sujeito. A consciência que parece ser atingida pela liberdade de pensar é corroída pelas segundas intenções de um justo ou de um talentoso que se acha talentoso. A nudez, por descobrir a hipocrisia vestida do outro, se faz mais vestida ainda. Narciso diante do espelho não vê a sua nudez, mas a nudez que projeta sobre seu corpo. E essa nudez falsa, plena de segundas intenções, é indecente e desprezível porque é a representação do corpo humano enxertado de suas vergonhas.

A modéstia é o acolhimento das limitações, e se, por um lado, com ela há uma degradação do potencial livre da alma, por outro há a grandeza de suportar uma verdade que a consciência quer fazer desaparecer em imagens enredadas sobre si.

A modéstia resgata o humanismo da escravidão ao discernimento através da submissão. Para responder pelo que é humano, pelo verdadeiro humanismo, temos que resgatar o sujeito verdadeiro deste ser humano que, de alguma forma, não está incluído por inteiro no próprio indivíduo.

CAPÍTULO IV
EXISTÊNCIA *VERSUS* PRESENÇA

Presença e dependência

Não há melhor laboratório para as segundas intenções que o modelo de um viciado. O adicto é alguém que consegue dar voltas em si mesmo de forma sistemática e repetitiva. Tanto é assim que um observador externo parece não ver sentido nas decisões e escolhas tomadas pelo dependente. É como se a liberdade exercida por seu arbítrio não fosse um benefício, mas uma maldição. Indivíduos de grande capacidade intelectual e de formação sofisticada ficam incapacitados de tomar decisões em relação ao que até para crianças parece algo trivial. O rabino Abraham Twerski, que trabalha com dependentes químicos utilizando recursos da espiritualidade, relata sobre um psicanalista que, no auge de sua carreira, era incapaz de controlar seu vício por álcool. Mesmo com todo seu conhecimento ele não conseguia controlar sua conduta destrutiva e acabou recorrendo a um centro de Alcoólatras Anônimos. Para sua surpresa, viu a si mesmo sendo socorrido por uma senhora que tinha apenas nível médio. Em desespero, ele perguntou se ela poderia ajudá-lo e ela respondeu que sim – desde que ele fosse capaz de escutar.

Escutar é uma porta para vencer resistências do Eu. Para um Eu autoritário como é o de um dependente, a escuta é subversiva. Ela propõe outra lógica à lógica circular mantida por um sofisticado sistema de segundas intenções. Quando a mesma senhora, por razões pessoais, precisou se ausentar da cidade, o psicanalista entrou em pânico e lhe perguntou: "E se eu precisar de você? Como vou saber o que fazer sem você por perto?" Ela respondeu: "Vai para a rua e pergunte à primeira pessoa que você encontrar. O julgamento desta pessoa será melhor do que o seu!"

O que faz com que o julgamento de uma pessoa tão preparada possa ser pior do que o de qualquer outra pessoa? A questão está na estruturação do pensamento, muito mais do que em sua qualidade. Quando o pensamento é livre ele é um recurso, quando está a serviço da presença torna-se corrupto e não confiável.

É natural que a consciência reproduza a maior premissa biológica que existe: a luta pela preservação da vida buscando a máxima redução de estresse e o maior conforto possível. Da mesma forma, o Eu se constrói na consciência como centro de controle para que tenhamos o máximo de prazer e o mínimo de desconforto. A grande diferença está no fato de que os impulsos da vida buscam este estado sempre dentro da realidade. O Eu, por ser uma construção da imaginação, tem o recurso fantástico de se redesenhar e transformar, mas também o poder autodestrutivo de se iludir. Solto na imaginação, o Eu tem condições de evitar o estresse em construções virtuais, imaginárias, que não terão respaldo no mundo real. As segundas intenções serão seu intrincado labirinto para se locomover incólume pelo subsolo da realidade. Calculando assim o momento e o lugar de sair dos bueiros da presença para dar as caras na existência, este ser humano se faz um rato à sombra de sua vida. No afã de encontrar a presença, o controle do sujeito, o Eu se depara com o vazio. Porque na sensação de ser tudo está a possibilidade de não ser nada. E este é o lugar tão difícil para a consciência, o lugar de existir.

A existência não é uma experiência que está centrada no indivíduo, mas em sua relação com tudo mais que o cerca. Reb

Nachman de Bratslav chamava esse lugar do "pouco que contém muito". Para ele há um espaço para cada ser ou coisa do universo. Esse lugar que nos pertence, onde cabemos e nos encaixamos com a vida é o "pouco que contém muito". E não há prazer maior ou bem-estar mais pleno do que ocupar seu verdadeiro lugar. A possibilidade de estar "cada macaco no seu galho" representa o lócus privilegiado de onde a vida tem maior gosto e gozo. É nesse lugar onde não se admitem nem superlativos ou comparações que a existência acontece. E esse lugar, por definição, não é o Eu. O Eu é um centro mental, um lugar propositalmente distorcido para apresentar o lugar de cada um como o centro e fazer do nosso sujeito um personagem com presença.

Dizia o rabino Leib de Kovel: "Quando uma pessoa cai, culpa o objeto no qual tropeçou. Se não houver um objeto, dirá que o chão está desnivelado. Se estiver aplainado, culpará o cadarço do sapato. Seja como for, sempre encontrará algo a que culpar, mas nunca admitindo sua negligência!" (*Chassidic Masters*, A.J. Twerski)

Olhamos o mundo com um olhar que inverte a realidade para ter a impressão de que esta emana de nós mesmos. Podemos crescer e aprender a nos separar de nossos pais, mas carregamos conosco a imaturidade de perceber o mundo em relação à nossa presença, indiferenciadamente. Essa construção está na linguagem que nos alimenta com imagens invertidas de nós mesmos. Batemos com a cabeça na mesa e algum adulto consciente diz: "Mesa feia! Ai, ai, ai.... sua mesa feia!" Essa fala, além de impedir que se cresça a partir da experiência e que se seja mais cuidadoso com a movimentação em meio a outros objetos, reduz a percepção de existência unicamente à própria presença. É o meu ser que valida qualquer experiência e é o meu ser que qualifica qualquer coisa como real. A dor da existência foi transferida para uma dor que tem que encontrar significado no que está causando a mim. Assim me faço não coadjuvante, mas protagonista da existência. E como não sou verdadeiramente o protagonista do universo, só posso fazer isso na fantasia de minha presença. Essa mesma presença será um empecilho para usufruir da existência. Quando um jovem se dirige à sua cobiçada musa, se o fizer do lugar onde é coadjuvante, mesmo seus desejos mais primitivos serão percebidos sem malícia. No entanto, se o que apresentar for sua presença, a imagem retocada por inúmeras segundas intenções, haverá uma nítida perda de poderes e encaixes com a vida. A melhor condição em que um jovem amante pode se encontrar é em seu lugar na existência. Não há lugar de maior vantagem, mas nossa consciência não aceitará isso.

A consciência rejeitará essa compreensão porque seu vício é contrapor a imaginação à verdade. Daí o alerta dos Salmos: "Compre a verdade, mas não a venda!" Para evitar a degradação que a imaginação pode impor em nossa relação com a existência devemos ter esse cuidado. Explica o Rabino Hirsch de Ziditchov que o comprador quer sempre diminuir o valor da mercadoria enquanto o vendedor quer aumentá-lo. A atitude para com a verdade deve ser a de um comprador e nunca a de um vendedor. O primeiro sempre terá um olhar crítico enquanto que o segundo uma atitude condescendente para com os defeitos de seu produto. Autoestima não é a atitude inflada de segundas intenções, mas, ao contrário, a capacidade crítica do comprador de não subverter verdades para estabelecer presença. O Eu estará sempre vendendo a si como aquele em quem a mesa bateu, aquele que não é compreendido, aquele que é injustiçado e assim por diante. Cabe a quem tem autoestima estabelecer-se como um comprador crítico e fazer escolhas que não abram mão da realidade. Abrir espaço para a verdade na consciência é saber auditá-la para que não nos afastemos das qualidades reais da vida.

Presença e recompensa

Na tentativa de ganhar presença, o *yetser ha-rá* compromete nossa identidade a tal ponto que passamos a buscar reconhecimento em todas as nossas ações. Os místicos previram que o mundo se encaminhava para um desequilíbrio no excesso do atributo de *netsach* (permanência) em oposição ao atributo de *hod* (refinamento). Para a tradição cabalista esta é uma representação da dualidade, algo semelhante ao *yin* e *yang* da filosofia chinesa, onde o equilíbrio entre forças complementares integram o ativo e o passivo. *Netsach* é semelhante a *yang*, uma força ativa, que na tradição judaica tem a qualidade específica da busca por permanência.

A razão desse desequilíbrio está na contínua construção de imagens como única maneira de conferir a própria presença. Buscamos reconhecimento externo a cada instante, como a criança que brinca e que de tanto em tanto tempo olha a mãe para assegurar-se de si. E esse aspecto de *netsach* está presente de muitas formas em nossa civilização. Se o Eu, o personagem, não for identificado em nossas ações, elas não nos interessam. A busca por celebridade é ilustrativa desta situação. Vivemos num mundo onde a construção de um nome é fundamental.

No passado, o "nome" de uma pessoa era uma reputação, ou seja, a maneira com que sua conduta repercutia no mundo. *Hod*, traduzido como refinamento, quer dizer literalmente o "eco" ou a "reverberação". Nós nos conhecíamos pela reverberação de nossa existência. Um indivíduo ter "nome" queria dizer que detinha a identidade do reflexo de suas ações e comportamento. Ter "nome" significava encontrar-se em meio aos outros e às coisas da vida como implica a existência. Em nossos dias, porém, sob a influência amplificada do *yetser ha-rá*, "construir um nome" significa solidificar uma "imagem". A carência de *yin* e de *hod* que se manifesta pelo individualismo responde pela menos-valia do autorreconhecimento. Vemos assim um mundo que se interessa apenas pelo que pode gerar "reconhecimento" imediato e irrefutável. Essa é uma das características mais importantes de nossas segundas intenções. Estamos o tempo todo visando o que possa projetar nossa imagem e nos recompensar com a sensação de presença. Mas por "presença" estamos sempre manifestando o desespero por nos reencontrarmos. Como se o *hod/yin* capaz de nos oferecer identidade interna estivesse desativado e tudo necessitasse de afirmação externa para legitimar o nosso ser. A entidade que emana de nós fica assim prisioneira dos reflexos, distanciada do encaixe com a vida, e o que subsiste é uma presença débil, ameaçada até mesmo por um único ato em que não haja reconhecimento indiscutível deste Eu.

Por isso uma das experiências mais gratificantes e libertadoras em nosso tempo é fazer algo sem expectativas de recompensa. Porque é nessa busca por reconhecimento que o *yetser ha-rá* e seu exército de segundas intenções são mais laboriosos.

É costume os discípulos passarem as tardes de sábado em torno de seu Rebe, recebendo ensinamentos da Torá. Num destes sábados um homem veio até a *tish* (a mesa) do Rebe de Kobrin, chamando sua atenção. Ele chamou seu ajudante e perguntou: "Quem é este sujeito que está ali naquele canto?" Quando ouviu o nome do discípulo, ele disse: "Eu não o conheço."

"Mas Rebe, é claro que conhece...", disse o atendente. "Ele comparece quase todos os sábados e o senhor já conversou com ele em várias ocasiões." E o atendente continuou relembrando sobre o tal homem, sobre seus pais, e também sobre diversos incidentes que pudessem reacender a memória do Rebe a seu respeito.

Finalmente, o Rebe de Kobrin chamou o homem para junto de si e disse: "Estou tentando me lembrar quem você é e estou tendo muita dificuldade. Só agora me dei conta de qual é o problema. Preste atenção: a essência de uma pessoa está em seus pensamentos. Sempre que focamos nossa mente, essa é a pessoa que somos. Todo este tempo venho reparando em você e percebo que sua mente tem vagado de um desejo para outro. Primeiro você fica faminto por isso, depois por aquilo. Não há limite para os seus desejos. Tudo o que pude ver foi a incessante fome por algo. Enquanto você agir desta maneira fica difícil reconhecer se você é um homem que por acaso tem uma boca, ou uma boca que está disfarçada de homem." (*Hasidic Tales*, Rami Shapiro)

Nesta história, o Rebe alerta para o engodo contido na busca por gratificação ou pelas fomes que se revestem em ansiedade. Referenciar-se apenas por essas fomes produziu tamanha ausência no homem a ponto de não permitir que o rabino o reconhecesse. Da mesma forma, nossas agendas repletas de registros de nossas fomes não conseguem dar conta da falta de um sujeito. O *yetser ha-rá* muito se esforça para que vejamos nos nossos desejos a manifestação maior do ser. Há uma exterioridade naquilo que desejamos, e a fome parece nortear nossa presença mais do que qualquer outra coisa. No entanto, é no gerenciamento das fomes, que o rabino chama de "foco da mente", que está o sujeito. A recompensa da fome, o alimento que sacia, não tem como rechear-nos e preencher-nos de nós mesmos. A invisibilidade do personagem de nossa história está no seu desaparecimento da existência. Uma imagem sem conteúdo substitui a essência, que sempre será uma reverberação: um eco de nossa presença em meio a todas as outras presenças. Não é possível estar de forma absoluta, como quer a consciência. Nesse Eu que se faz presente, há carência de mim. Restringir fomes e interagir com a presença do outro, a alteridade, não parecem ser ações importantes para nossa presença, mas são aspectos fundamentais da existência. Temos que abrir mão das recompensas; temos que cercear nossas fomes; e temos que fazer não apenas para nós mesmos, como preconiza a presença. O tecido da existência não é estar o tempo todo consciente, mas perceber-se reverberando no mundo, ou seja, no outros.

A tradição cabalista criou uma forma de "intenção" para dar direção ao desejo de permanência. Chamou esta prática de *kavanot* (intenções). Tratam-se de invocações antes de um ato, buscando reequilibrar *netsach*, permanência e presença, com *hod*, o refinamento da presença passiva. Com esta prática, a ação perderia a intenção de obter reconhecimento, livrando-se assim do aprisionamento ao mundo exterior e gerando um componente passivo na ação.

Seja como for, a busca por reconhecimento é uma área vulnerável. Diz a Ética dos Ancestrais (1:3): "Não seja como o servo que presta serviço a seu mestre antecipando a compensação que obterá." Temos aqui dois importantes aspectos deste ensinamento. Por um lado, a prática indispensável de abrir mão de expectativas de recompensa. Por outro, a construção lógica dentro de um cenário servo-mestre. A ambientação numa relação de vínculo e submissão, em vez de plena liberdade, é o cenário da existência capaz de promover em alguém reconhecimento e reencontro de si. Difícil aceitar, mas não há um conteúdo, um teor absoluto presente em nós que possa passar-se por um Eu. Há sim a dualidade de uma entidade e seu aspecto ativo que não é nada sem o retorno da reverberação de sua ação a partir de uma dimensão passiva. "Penso, logo existo", não. Surpreendentemente, a existência não se confina à atividade. Penso, logo sou reconhecido e por isso existo.

Presença e punição

Outra área de truques do *yetser ha-rá* é o castigo. Por castigo entenda-se a olhadela, o espiar, para reconhecer o olhar externo. Desde criança aprendemos a ser matreiros e controlar as possíveis formas de retaliação que nosso comportamento possa evocar. Essa forma de estar em guarda, na defensiva, para argumentar a nosso favor, é uma das facetas principais da presença. Qual é a nossa justificativa de cada momento? Que álibi que se tem guardado na manga para dar conta de explicar o fato de se estar num dado momento, em dado lugar, exercendo dada atitude? Esse tipo de pensamento em estado de alerta reforça o sentimento de presença e é muitas vezes percebido como a própria consciência. Em outras palavras, estar autociente seria saber advogar por seu sujeito e poder constantemente representá-lo perante o mundo.

Aprendemos isso com a vida e também com nossos pais. Diz o Talmude (Shabat 46a), nas palavras de Rabi Zeira, que uma criança aprende a mentir a partir das promessas que adultos fazem e não cumprem. As mentiras mais concretas para as crianças não são nossas mentiras sofisticadas e abstratas como, por exemplo, mentir que não estamos em casa. São as mentiras concretas, as que estabelecem vínculos com os interesses de presença que irão semear as segundas intenções. Segundo Rabi Zeira, comprometer-se e não cumprir é uma descoberta, mais do que uma transgressão inata. Porque a transgressão pode nascer na alma humana, mas as segundas intenções, que estão na esfera da vergonha, são sempre uma reação, um aprendizado a partir do mundo da consciência. A relação entre vergonha e castigo aparece desde o texto de Gênesis.

A diferença entre o ato de transgredir e as segundas intenções é justamente a diferença de um sujeito e de um advogado.

O sujeito se expõe à vida quando transgride; já um defensor está presente e em guarda antes que as consequências se apresentem. É esta sensação que oferece o bônus da presença.

Os mestres chassídicos chamavam atenção para o aspecto da presença representada pela "espiadela". Se há alguém espiando, há presença. Eles chamavam de *yiun*, o observar secreto, oblíquo, postura que uma pessoa às vezes deixa escapar durante a reza ou a meditação diária. Esse olhar para fora está sempre mapeando o mundo externo e seu potencial de punição. Mesmo que eu não esteja fazendo nada de errado, detenho-me sobre os prognósticos do que venha a ser cobrado em algum momento. Este estado de atenção, de autovalidação diante do interdito e do ilegítimo, é uma forma de presença que aquieta a consciência.

Dessa forma, o ato de rezar ou meditar que dissimula a entrega ou a submissão a um poder maior é, na verdade, um truque para não se submeter, o que aprofunda o apossamento do sujeito por seu Eu.

É importante reconhecer que, exercendo sua capacidade camaleônica, o Eu muitas vezes se fará passar por Deus. Um deus idólatra que, em vez da relação com a existência, é feito refém da presença. Toda vez que este Deus se apresentar pelo lugar do castigo pleno, onde a punição não tem uma função verdadeiramente corretiva e educativa, ele estará a serviço da vergonha e estará, sempre, a serviço da presença.

Destruir os ídolos que são estes deuses falsos de nossa presença é fundamental para podermos nos entregar a uma força superior – como requer a cura de um viciado. Para tal, temos que flagrar estes deuses camaleônicos de nosso Eu. Certa vez um amigo me relatou sobre a sensação libertadora que experimentou quando pôs à prova um de seus temores falsos em relação a Deus. Ele recordava estar num ônibus e ser tomado por um forte sentimento de castigo iminente. Inicialmente o sentimento era de mal-estar, mas pouco depois ele caiu em si: tratava-se de uma armadilha de seus pensamentos. Como num *insight*, sobreveio-lhe uma estranha coragem de desafiar os céus dizendo para si: "Quer jogar um raio em mim, então jogue! Prefiro morrer agora a me submeter a esse jugo e a essa tirania." Verdadeiramente, ele convocou os céus para castigá-lo. O que o impressionou é que a coragem de desafiar os castigos o fez desmascarar seu Eu, que tentava se passar por Deus.

Deus pode representar a força que desfaz a onipotência e que permite uma nova instância existencial a um viciado, mas pode ser imitado e ter sua imagem usurpada pelo próprio Eu. Nesses casos, o trinômio castigo-vergonha-presença sempre estará acionado.

Desfazer as pequenas superstições acerca de castigos representa uma forma de auditoria interna de nossa consciência. Nesse caso, a consciência torna-se parte do sujeito quando se prefere sofrer a própria dor da punição a ter que danar no inferno do imaginário cogitando durante toda a vida a possibilidade desta punição. Para tal pessoa fica revelado o engano que é trocar o ônus da dependência pelo bônus da presença. A espiadela para fora de seus pensamentos tem o alto custo de solidificar o ser dinâmico e relacional numa estática coluna de sal.

Consciência sem presença

A questão que se apresenta é se existe a possibilidade de termos consciência sem a presença do Eu. Por definição, estar consciente significa estar ao lado, externo à ciência e ao conhecimento. Esse olhar implica um observador, o que torna muito difícil entender esse personagem como não sendo a identidade do indivíduo. Seria possível o surgimento de um outro-Eu que não usurpasse o lugar do sujeito? Os sábios apontam essa possibilidade no justo. Dizia Raban Gamliel: "O 'sim' do justo é 'sim', o 'não' é 'não'." O justo seria aquele que é capaz de não deixar espaços para o "talvez" das segundas intenções. As segundas intenções estão sempre querendo ganhar tempo para encontrar as brechas para dizer um "sim" que é "não" e um "não" que é "sim". A gíria na língua portuguesa flagrou esta fala das segundas intenções na expressão "de repente". "Você gostaria de ir lá em casa?" E a resposta é: "De repente." Esta resposta não é nem sim nem não e dá margem e tempo às segundas intenções. No duvidoso está uma aritmética complexa de impulsos que nunca mais se farão primeiro, sempre mantendo a condição de segundas intenções.

Temos que reconhecer a vulnerabilidade da consciência ao *yetser ha-rá* e suas irrefutáveis lógicas. Só poderemos detê-las por meio de uma matreira simplicidade que seja, paradoxalmente, páreo à sua manha e tenha uma atitude ingênua.

Conta-se uma história entre os rabinos de Premishlan e de Ruzhin. Eram grandes amigos apesar de serem muito diferentes um do outro. O rabino de Premishlan, por exemplo, guardava cada centavo que tinha para destiná-lo aos destituídos, o de Ruzhin, no entanto, vivia como um rei.

Certa vez, estes dois amigos se encontraram às vésperas de uma viagem. O rabino de Premishlan preparava sua carroça; muito simples, ela era puxada por um único cavalo magricela. Já o rabino de Ruzhin aprontava sua requintada carruagem puxada por quatro saudáveis garanhões.

O rabino de Ruzhin foi até a carroça do rabino de Premishlan e inspecionou tanto a viatura quanto o cavalo de forma jocosa. Voltou-se então para o amigo e, quase sem conseguir esconder o ar de pilhéria, disse: "Eu sempre viajo com quatro fortes cavalos. Desta maneira, se acontecer de minha carruagem atolar em um lamaçal, meus animais podem rapidamente retirá-la. Mas posso ver que seu cavalo mal consegue arrastá-lo num terreno seco, quanto mais numa estrada com lama. Por que você se arrisca desta forma?"

O rabino de Premishlan desceu de sua carroça e, acarinhando seu velho e amado cavalo, disse ao rabino de Ruzhin: "O risco, eu penso, quem corre é você. Porque eu viajo apenas com este cavalo, que não pode me livrar de um atoleiro. Desta forma, sou extremamente cuidadoso para que isto não aconteça. Já no seu caso, você está tão seguro de que seus cavalos serão capazes de retirá-lo da lama que não presta atenção por onde vai." (*Hasidic Tales*, Meyer Levin)

Os dois mestres nos permitem perceber algo que normalmente não enxergamos. Ao falarem sobre a possibilidade de haver lama no caminho, estão, de fato, falando sobre a existência. Para a consciência existir é preciso ter que interagir com o inesperado, com a lama das estradas da vida. E mesmo os sábios são arrastados pela ferocidade do *yetser ha-rá* e suas segundas intenções.

Na superfície, ambos estão corretos e ensinam o que parecem ser fundamentos. O primeiro afirma que a vida contempla lamaçais. Por mais atento que se esteja, mais cedo ou mais tarde você cairá num deles. E quando isso acontecer, vai precisar dos recursos, ou seja, dos cavalos fortes para arrancá-lo de lá. Por isso vale a pena investir em recursos para lidar com as estradas da vida. Provisões de todo tipo – econômica, intelectual e emocional – farão a diferença. O segundo ensina que devemos estar atentos e evitar os lamaçais. É melhor estar preparado para evitar a lama do que ficar fazendo esforços para desatolar-se. Ou seja, nem toda lama da estrada tem que ser experimentada ou testada. Vale a pena se precaver, e isso diz respeito a riscos, falas e feitos desnecessários. Se prestarmos atenção, não repetiremos o que não precisa ser repetido. Se estivermos atentos, não seremos imaturos ao testar limites pagando o preço de ousadias e precipitações.

No entanto, olhando para eles em profundidade, ambos estão no lugar onde o *yetser ha-rá* os quer: na presença. Nossa lógica e consciência argumentarão que o que os sábios dizem faz muito sentido. Parecerá que uma mescla de ambos os pontos de vista permite uma boa jornada evitando os lamaçais. No entanto, há uma verdade da qual ambos tentam passar ao largo: não importa o quão vigilante você fica ou o quão forte você é, haverá momentos na vida onde ocorrerá o desconforto da lama.

A presença, com suas estratégias e estéticas, trata a lama como se fosse um elemento externo e, portanto, evitável. A lama é uma característica da existência. Sua qualidade não é relativa ao temor, ao esquivamento e ao controle, como quer reduzi-la o desejo de presença. Sua propriedade é a de engate, de encaixe e de entrega entre o ser e o mundo. A lama é a vida que acaba sempre traduzida como um desconforto. Evitar este contato com frequência nos fará perder o tato e a capacidade de comparecer. E é desta enfermidade que o ser humano mais padece: não consegue tocar a vida e não se sente em contato com a realidade. É assim que tudo parece sem chão, sem toque ou contato, de tão flácida a existência.

Para controlar o mundo perdemos o corpo, este lugar verdadeiro que encosta na realidade, diferentemente da imaginação, que a evita. A roupa é a lembrança do encostar e do friccionar-se à vida. É essa fricção que nos gasta não como uma perda, e sim como uma interação. Quem muito se guarda, aparentemente, não se corrói nos desconfortos da vida. Sai ileso, mas vai perdendo corpo, cuja natureza é para ser gasta, raspada e atritada com a vida. Deste atrito que tanto fugimos nos é roubado o prazer existencial de usar-nos e desgastar-nos. O papel da vestimenta é o de nos tocar e oferecer milhares de pequenos atritos e excitações simbólicos daquilo que a imaginação quer nos fazer esquecer: de que o corpo fica vestido quando está nu do mundo à sua volta. Sem a roupa do mundo, nossa nudez é uma mentira, é uma pele que não tem onde tocar. E nos vestimos para lembrar-nos da marca de Caim em nossa fronte.

A lama será sempre o convite da vida ou da estrada para roçar-nos em sua concretude. Evocará em dado momento a tentação de uma oportunidade ou de um potencial que a alma quererá abraçar, ousar, mas de que só o corpo conhecerá o verdadeiro custo, a dor que nele está embutida.

Será então possível um Eu que nos devolva o corpo e nos retire de um lugar mental, imaginário? O *yetser ha-rá* nos convencerá de que não. E nos fará do tipo A ou B, do que evita a lama ou do que se prepara para dela sair. Para não perdermos de todo a couraça que nos dá perfil ao tocar o mundo podemos fazer uso da impermanência. Trazer à consciência incessantemente a natureza temporária e provisória de tudo é resgatar um pouco da lucidez nua da existência.

Era isso que ensinava o sábio Hilel. Certa vez ele fez menção de sair e seus discípulos perguntaram: "Aonde está indo?" Ele respondeu: "Fazer uma gentileza a um convidado na casa." Perguntaram: "E você tem convidados todos os dias?" Ele respondeu: "Sim, tenho. E não é a alma uma convidada em nosso corpo? Hoje está, amanhã já partiu?" (*Rabbinic Anthology*, Montefiore *et. al.*)

Essa provisoriedade da presença é o que encaixa a alma no corpo. Sendo interino se resgata a existência e, com ela, o sujeito. Este sujeito é um não-Eu sem desfigurar identidades e sem nos desconstruir derradeira e terminalmente como quer nos convencer o *yetser ha-rá*. Este não-Eu é que é nu. Mas, quando me apresento na qualidade de meu Eu e suas múltiplas intenções, tenho a decência de me fazer ver vestido. Assim a verdade transpira por entre as brechas das segundas intenções, assim conspiro contra minhas mentiras e ilusões. Essa conspiração é uma consciência cujo amparo e sustento vêm de um ente que não sou Eu. Confiar nesta força que não tem epicentro em si é a tarefa existencial mais complexa e árdua do ser humano.

CAPÍTULO V

NUDEZ COMO FUNDAMENTO

Vemos em nosso mundo uma reação "vestida" à escolha pela nudez que tomou conta da pós-modernidade. A liberdade e a opção individual em detrimento da coletiva são a marca de nosso tempo. Nele são travadas as lutas simbólicas entre as forças da luz e das trevas tal como profetizaram os textos bíblicos. O mundo parece ter um enfrentamento marcado entre dois campos adversários: o dos despidos e dos vestidos em busca da nudez. Ambos se acusam como responsáveis pela ambiguidade humana e se dizem os legítimos guardiões da nudez. Por nudez entendam-se a desambiguação original e a possibilidade de resgate do maior patrimônio perdido da humanidade contido na ingenuidade, na espontaneidade e na autenticidade. O primeiro acredita que a liberdade e a transformação aproximam o ser humano do estado descoberto e despojado que representa a nudez. Ser nu é não estar defendido e resgatar intimidade. O segundo acredita que apenas a adesão aos fundamentos, abolindo o infinito jogo de reinventar-se, vestindo-se e revestindo-se de novos comportamentos, de novas morais e de novas imagens, pode salvaguardar a autenticidade. Não é possível restaurar este estado de ingenuidade sob o efeito de um Eu revestido em identidade e costurado de segundas intenções. A nudez só pode ser resgatada por fidelidade, exatidão e probidade.

A força deste antagonismo hoje está representada na polaridade entre liberais e conservadores, entre reformadores e convictos e entre revolucionários e reacionários. Estes últimos conceitos, revolucionários e reacionários, significam a mesma coisa um aos olhos do outro e são literalmente sinônimos da palavra "subversivo". Um é o perturbador do outro, anarquizando e ameaçando com sua estrutura de vida a existência do outro.

Para os liberais, a mentira humana, o lugar onde o ser humano enganou a si próprio, está nas doutrinas e nos dogmas. Falas da tradição ou de uma força superior é a maneira de ludibriar as massas e as mentes em relação a uma autoridade que tem interesses particulares, uma moral particular. Por sua vez, para os fundamentalistas, o lugar onde o ser humano engana a si é na anuência a tudo o que lhe demanda o Eu, quando este se eleva à autoridade suprema. O Eu está para o fundamentalista como o clero ou uma casta privilegiada está para o revolucionário.

Observemos uma das batalhas simbólicas do nosso tempo, a questão do aborto. Em torno dela se galvanizam importantes legiões de ambos os exércitos. Para o mundo fundamentalista, a perplexidade está em como algo que era considerado um crime até pouco tempo veio a tornar-se um direito inalienável do cidadão. Sua reação é tão desconfiada como seria a de um liberal diante de dogmas, seguro de que está diante de um logro. Para o fundamentalista, o que está por trás de valores e direitos demandados pelos liberais são seus interesses.

Vivemos nas últimas décadas uma grande transformação com os avanços científicos. Com a medicina e a imunização, a humanidade reduziu significativamente a taxa de mortalidade infantil e também a morte prematura de jovens por doenças ou epidemias. A mecanização fez reduzir a necessidade de mão de obra humana até então imprescindível para a sobrevivência da sociedade. Por tudo isso, impedir o nascimento de uma criança era nada menos do que uma ofensa à sociedade, privando-a de sua mercadoria mais preciosa.

Com os avanços científicos, o próprio ser humano deixou de ser um artigo tão necessário. Pela primeira vez passou-se a considerar a interrupção de uma gestação como algo benéfico tanto para a vida pessoal quanto para a coletividade. A própria maternidade, cujo significado estava atrelado à capacidade feminina de gerar um filho, foi se desvalorizando em meio a esta nova realidade. A mercadoria que a maternidade provê já não é mais tão universalmente apreciada.

O fundamentalista não aceita a nova vestimenta dos tempos porque em sua nudez há valores essenciais que não se submetem às mudanças do mercado. Ele não vê isso como uma reação que diz respeito exclusivamente à mudança externa, mas à alteração interna e a seu impacto no sujeito. Quando o feto perde valor como uma mercadoria, fica-se complacente com o aborto; quando o ancião não for mais produtivo, surgem a eutanásia e conceitos subliminares do tipo "morte com dignidade" para fugir-se ao ônus de ter que sustentar um ser não produtivo; o fundamentalista desperta para a ameaça a seu sujeito. A autoindulgência e a permissividade fazem crescer o alerta para a ação subliminar do Eu e das segundas intenções.

O fundamentalismo reconhece o narcisismo de nossa sociedade, que deseja permanecer "para sempre jovem" e derrotar a mortalidade. Ele vê com clareza a vestimenta de segundas intenções nutridas por um avassalador desejo de presença. É nesse momento que a morte se torna uma aliada. A inalienabilidade da morte e seu caráter intransigente como uma alternativa à presença são um bastião para o fundamentalista. Quando o fundamentalista desfere a pergunta: "Pelo que você morreria?", o liberal se vê nu, e despido de sua nobreza ele aparece vestido, totalmente adornado de suas segundas intenções. O que parecia da ordem do magnânimo e do clemente se mostra interesseiro. O ente que defendia e resguardava os direitos do sujeito se transmuta no *yetser ha-rá* em pelo com suas múltiplas epidermes e couraças. A morte, seja do homem-bomba ativo ou do mártir passivo, faz tremer o Eu e sua proposta absoluta de presença. O fundamentalista está disposto a morrer da mesma forma que o liberal está disposto a transformar. O Eu tem sempre a disposição de mudar e vivenciar o desconforto da metamorfose se isto representar em última instância a preservação da presença. O fundamentalista está sempre disposto a morrer se isto resgatar a qualidade da verdade em seu mundo. Propor o fim da presença expõe o *yetser ha-rá* e o faz sair de sua toca, feita sempre de roupas e imagens. Flagrado em sua indumentária, ele se vexa pelo alarde que sempre fizera de seu nudismo. Paramentada de desejos, bordado de segundas intenções, a tolerância do Eu se mostra autorreferida e profundamente maldosa na manipulação de valores para seus interesses particulares em traje de gala.

Now-Age ou *New-Age*
– Coerência interna ou externa

A polêmica entre liberais e conservadores é a divisão que ocorre na população humana entre os dois polos de sua própria ambiguidade: autonomia ou submissão. Se você se estruturou de tal maneira a fazer parte de um desses campos jamais conseguirá bandear-se para o outro. Há casos de "conversão" de um para o outro, mas, na maioria das vezes, para não dizer todas, sempre muito conflituosos. São casos em que por reação ou rejeição, se muda de lado, o que interiormente nunca se dá por completo. Ou somos de formação liberal ou conservadora.

Ou temos nossa coerência ditada pelo mundo interior e a ele prestamos contas, ou temos nossa coerência ditada pelo mundo exterior e também a ele prestamos contas. Ou ficamos do lado da coerência interna à mercê das ameaças do *yetser hará* ou buscamos a coerência externa e ficamos à mercê da hipocrisia. Ou ficamos do lado livre e imoral da alma, acolhendo o futuro e suas demandas; ou ficamos do lado exato e moral do corpo, acolhendo as demandas dos fundamentos e do passado. É fato que todos nós possuímos ambos os aspectos, mas acabamos de uma maneira ou de outra fazendo a opção pelo que melhor nos representa nesta ambiguidade. E será sempre uma experiência reveladora e de alívio para o fundamentalista reencontrar a nudez de sua liberalidade assim como o é para o liberal encontrar a nudez de seus fundamentos. Preservação e mutação se encontram dentro do sujeito e de sua consciência.

A polêmica, no entanto, é tão antiga quanto a história da consciência. E a escolha pelo lado que assumimos amadurece num indivíduo a partir da relação que ele estabelece com seus desejos. Se a força vital permite a alguém exercer controle de seus desejos com maior facilidade, esse indivíduo tenderá a encontrar sua coerência diante das cobranças externas. Se, ao contrário, a força dos desejos for um aspecto fundamental da força vital deste indivíduo, então ele terá que primeiro prestar contas à sua coerência interna, mesmo que em detrimento das expectativas externas.

Esses dois campos aparecem na representação mítica do texto bíblico nas figuras de Judá e de José. O primeiro representa o campo libertário do *New Age;* o segundo, o mundo fundamentalista do *Now Age*. Judá é o representante da força vital encarnada pela volição e pelo desejo, linhagem direta do Rei David, que não passava incólume por um cálice de vinho ou por uma bela mulher. É Judá que tem relações com sua nora Tamar num ato impulsivo e incestuoso justificado pelo Talmude quando lá se afirma que Judá estava possuído pelo anjo da lascívia e da luxúria. José, ao contrário, é o representante da força vital da contenção. É ele que, na narrativa bíblica, resiste à sedução da mulher de seu patrão Potifar com bravura e foco.

A entrega ao desejo se desenha na consciência como uma demanda do futuro e tem como ideologia a chegada de uma Nova Era, um novo tempo que se construirá a partir das transformações impostas pelo próprio desejo. Já a capacidade de fazer frente ao desejo e coibi-lo se estrutura na consciência, na retidão e na exatidão de cada momento. Tal atitude se manifesta como ideologia pela aceitação do agora, da chegada de uma Era onde se buscará ser leal ao presente sem subterfúgios ou estratagemas e que corresponde a atender as demandas do passado e dos fundamentos.

O mestre chassídico conhecido como o Ishbitzer, o rabino de Izbicy, tem uma importante reflexão sobre a disputa entre essas duas forças vitais que se estruturam, seja na personalidade, no campo, no partido ou na visão de mundo que adotamos. Em seu trabalho *Mei Há-Shiloach* (*As águas vitais*), o Ishbitzer elabora sobre diferenças vitais usando os personagens de Judá e José como modelo. Na realidade, ele classifica a humanidade em dois grupos, os filhos de Judá e os filhos de José (no texto representado por Efraim, filho de José).

Rabino de Izbicy comenta sobre uma passagem do *Midrash* onde José reclama com Deus pelo fato de ser sempre exigido no mínimo detalhe da Lei enquanto que Judá, ao contrário, é julgado de forma branda e tolerante. Ele reclama também de que a força vital de Judá sempre se projeta para o futuro e parece ter maior sucesso na qualidade da permanência e de perdurar do que a dele, José. Nas palavras do Ishbitzer:

> José nunca se conformou com o fato de ser cobrado nos mínimos detalhes enquanto Judá parecia desfrutar da concordância e da aceitação divina.

Foi por isso que Deus lhe ofereceu em sonho a metáfora sobre o padeiro e do copeiro da corte do faraó. Através disso Deus lhe mostraria que sua percepção era equivocada. O padeiro era punido pelo fato de o faraó encontrar uma pedra no meio de seu pão; o copeiro, pelo aparecimento de uma mosca no cálice de vinho do monarca. O primeiro acabou condenado e o segundo foi absolvido. A razão de crimes semelhantes terem sentenças distintas se deve às diferenças em cada contexto. Quem poderia controlar uma mosca e impedir que ela caísse num cálice? A mosca é um ser vivo que tem volição própria e, por isso, não há como prever, quanto mais evitar, que caia no cálice.

Com o padeiro é diferente. Se há uma pedra no pão do faraó não há ninguém a quem culpar, mas o próprio padeiro. Pedras não se encaminham sozinhas para a massa do pão. O padeiro deveria ter sido mais cuidadoso.

Assim Deus explicou para José que ele estava na condição simbólica do padeiro real porque sua natureza tinha as características da clareza, da exatidão e da pureza. José possuía a força interna para sobrepujar as tentações e as adulações de seu desejo. Por essa razão, toda vez que José cometia um erro a responsabilidade era sua.

Judá representava o copeiro em alusão ao Rei David, que não resistia a um mero copo de vinho. Deus deu a eles um desejo tão poderoso que era praticamente impossível escapar a esse desejo. De tal maneira, não eram culpados quando sucumbiam a seus desejos, pois estavam expostos a algo maior do que si mesmos.

Este é o significado do versículo de Isaías (11:13): "José (Efraim) não invejará Judá, nem Judá assediará a José (Efraim)."

Fato é que essas duas tribos estão constantemente em contenda uma com a outra. Porque a força vital contida em José o faz ir direto à lei ou à consideração mais relevante diante de uma situação específica sem se corromper. E a Torá faz um alerta na palavra do profeta Amós (5:6): "Busca a Deus e vive para que não se incendeie a Casa de José..." Este é um aviso para que se tenha cuidado com a Casa de José, para que não seja provocada e seja exacerbada a sua tendência à oposição e à obstinação. (*Mei Ha-Shiloach*, Vayeshev, M.Y. Lainer)

O Ishbitzer aborda inúmeras questões de forma profunda. Em particular, reconhece distintas formas de coerência na natureza humana. O que aos olhos de José parecem duas condutas diferentes é, na verdade, um único procedimento diante de duas naturezas distintas. Pelo tipo de "força vital" (de consciência) que lhe é característica, José sempre terá que responder por seus mínimos desvios. Porém, com isso, conhece suas faltas com clareza. Não há outro culpado ou intermediário, e por isso a lei é rígida com José. Da mesma forma, sua recompensa é generosa porque permite reconhecer seu sujeito sem máscaras ou ilusões. Já Judá tem a obrigação de prestar mais atenção, pois suas faltas não representam com clareza seus equívocos. O sujeito de Judá não aparece com tanta nitidez e ele não pode ser acusado porque há dúvidas se realmente foi ele o protagonista da ação. Então, por um lado, fica isento de cobranças, mas, por outro, paga o ônus de se fazer coadjuvante na existência. Como um "menor" ou um não emancipado diante da lei, ele é absolvido. E assim vemos que nem sempre o corretivo é o ônus maior. Se o corretivo nos refina e aperfeiçoa, pobre daquele que não conta com este recurso. Essa é a compensação de José e seus seguidores.

Cada consciência é observada a partir de sua natureza ou de sua coerência particular. Conhecer-se e saber-se mais exposto ao *yetser ha-rá* é o desafio de um liberal. Terá que conviver diretamente com seus desejos, e estes servem como meio e habitat natural para a proliferação do mau-impulso. Já ao fundamentalista cabe administrar sua índole para que não exagere numa exatidão que não lhe corresponde. Nesse lugar exagerado, poderá descobrir que sucumbiu à hipocrisia e, em última análise, à tristeza. Quem tem sua coerência na alma deve saber que terá que conviver com o *yetser ha-rá* em sua liberdade. Quem se pauta pela coerência do corpo terá que conviver com o *yetser ha-rá* em suas verdades. E a terapêutica de cada um estará no campo do outro. Para um fundamentalista triste recomenda-se mais liberdade. Para um liberal perdido em ilusões prescreve-se um pouco de verdade e de lei.

Como na história dos dois amigos rabinos, o de Premishlan e o de Ruzhin, cada um de nós se estrutura como se estivesse em preparativo para uma longa jornada. O de Premishlan, discípulo dos filho de José, toma precauções porque sabe que irá encontrar o *yetser ha-rá*, a lama, pelo caminho. A lei é representada pelos garanhões capazes de retirá-lo de qualquer atoleiro. Já para o rabino de Ruzhin, partidário de Judá, é preferível estar sempre atento e tentar evitar a lama, o *yetser ha-rá*, pela atenção dispensada a cada momento. Seu estado de alerta é para ele uma sensação de liberdade mais importante do que a lei e a tradição, que lhe dariam garantias.

Ambas as estratégias oferecem vantagens e desvantagens. O importante é que cada um conheça os diferentes desafios a que estão submetidos. É inevitável encontrar pelo caminho a lama e o *yetser ha-rá*, já que ambos são parte inseparável da estrada.

Estes dois grandes campos de comportamento humano são tão poderosos no que tange à identificação de nossas características que ultrapassam qualquer outra classificação humana. Neste sentido, não só conservadores de tradições diferentes terão mais simpatia por conservadores de outras tradições do que pelos liberais de sua própria tradição, como cruzarão fronteiras impensáveis. Ateus e fundamentalistas, por exemplo, apesar de se reconhecerem antagônicos, convergem em sua visão de mundo. Estão sempre na busca de uma verdade e de uma definição que faz transparecer sua intolerância ao relativismo e sua austeridade poética. Ou as coisas são ou são. Tal como um bom filho de José, os ateus estão dispostos a pagar o preço de sua descrença para colher o benefício de resguardar a nitidez de seu sujeito. O mundo externo rege seu olhar e a objetividade governa sua leitura da vida como se do lado externo houvesse leis. Isentar-se de interpretação e manter as coisas sempre no escopo e na mira são atitudes semelhantes entre os questionadores dos dogmas e os que vivem por eles. Como se pautam pelo mundo e por suas evidências de forma inflexível, são observadores e observantes. Os ateus e os fundamentalistas têm estratégias semelhantes no combate do *yetser ha-rá*. E entre elas se destaca a de priorizá-lo como o maior de todos os adversários.

Relativizando o livre-arbítrio

Independentemente da tribo a que pertençamos é imprescindível que conheçamos a grandeza do outro campo. Não podemos nos esquecer de que adotamos partidos porque somos partidos, ambíguos por natureza, razão pela qual devemos apreciar a sagacidade do outro. Nenhuma inteireza e nenhuma nudez jamais serão conhecidas na consciência ou na civilização sem alguma integração de ambas as realidades.

O que o mundo do corpo, o mundo da moral, propõe é relativizar o livre-arbítrio. Todo arbítrio depende da verdade porque é sua matéria-prima. Quando tomados de desejos, temos a sensação de que conquistar a liberdade significa perder o juízo necessário para arbitrar; mas a verdade é que, quando obtemos maestria em nossos arbítrios, perdemos a liberdade.

O verdadeiro arbítrio não é o dos pensamentos, mas o do coração. Em nossos pensamentos podemos ter inúmeras intenções, porque os pensamentos podem conviver uns com os outros. No coração, no entanto, no âmago do sujeito, há sempre uma única intenção. Essa intenção não tem a forma de um pensamento, mas de uma prece. Parte arbítrio, parte intuito e parte súplica, a intenção do coração é que determina um livre e espontâneo arbítrio.

Em outras palavras, o livre-arbítrio não é a celebração da autonomia, mas o território de embate da consciência para desprender-se das miragens e dos obstáculos que a desqualificam e, em última análise, a revertem a um estado sem-noção e sem ciência de si. Uma consciência que não se conhece e que não consegue identificar o *yetser ha-rá* não é uma consciência.

Assim, os dois sofisticados recursos da consciência têm a ver com sua supressão. Em relação ao corpo temos falado da lei e da possibilidade da *mitzvá*, do mandamento que está para além do arbítrio, relativizando sua liberdade. Em relação à alma, estamos falando da possibilidade do arrependimento, da auditoria de nossas intenções iniciais e de sua possível correção. Em ambos os casos a consciência se autorreprime, seja cedendo sua autonomia, seja admitindo sua imprecisão. Podemos então dizer que o corpo restringe o livre-arbítrio, desqualificando-o pela capacidade de ser livre; e a alma restringe o livre-arbítrio questionando sua capacidade de arbitrar. Seja como for, há um esforço da própria consciência para conter-se, provocando um salto qualitativo que prioriza valores acima de desejos.

Na linguagem do corpo, o cálculo interesseiro, a negligência e a fala descuidada depreciam o ser humano e sua faculdade espiritual. Estas características nos levam respectivamente ao roubo, à devassidão e à fala maldosa rotineira, depondo contra a consciência – que sabe disso. É no intuito de apurar-se que ela recorre à Lei, incapacitando-se e interditando-se de seus livres-arbítrios.

Na linguagem da alma, no lugar da Lei está a culpa. Sua função não é punitiva, mas de resgatar-nos o sujeito. Um arrependimento pleno é a capacidade de resgatar a primeira intenção, a que ficou encoberta por segundas ou terceiras e nos levou a estranhar nosso próprio comportamento. Essa é a razão pela qual não conseguimos desculpar alguém que não se reconhece culpado, porque só o arrependimento alforria uma primeira intenção sufocada. Sem que a consciência se desautorize ao reconhecer seus próprios equívocos, não conhece a grandeza de seu potencial. Diz o Talmude: "Os intercessores de um ser humano são seus bons [intciros] atos" (Shab. 32a). O que advoga por nosso sujeito em nossa própria consciência são as primeiras intenções, os atos inteiros.

Não seria absurdo dizer que toda vez que a consciência fica impedida por si mesma, conhece uma presença que não é a do Eu. Essa alteridade em nossa própria consciência talvez seja o que chamamos de Deus. Para os tradicionalistas, Deus está na exterioridade de si, ao redor do sujeito. Essa exterioridade o representa na lei. Para os liberais que se lançam ao convívio íntimo com a liberdade e com suas segundas intenções, Deus aparece na aversão à falsidade. Diz o Talmude que quatro tipos de pessoas não conseguem ver a *Shechiná* (a presença divina): o cínico, o hipócrita, o malicioso e o mentiroso. Sua incapacidade de vê-la se deve ao fato de que sua própria presença é tão avassaladora que devora tudo que dela se aproxima. Portanto, o arrependimento é instrumento da consciência porque corrói o cinismo, a hipocrisia, a malícia e a mentira. Coibida, a consciência percebe, para além da presença, que na existência não há lugar apenas para o Eu.

O sábio lida com o acerto; o profeta, com o temor; o observante com o sacrifício e o justo com o arrependimento. Em todos há uma lei explícita ou implícita que subjuga o livre-arbítrio. Os efeitos dessa restrição são a diminuição do Eu e o aparecimento da existência em seu contorno. Estamos diante da suprema faculdade da consciência que se constitui na nobreza de nossa identidade redimida da presença asfixiante. Quando o Eu cede lugar, aparece Deus. Não como uma crença, mas como uma aparição. Ao comer da Árvore da Consciência, não foi só o homem que desapareceu, levando o Criador a perguntar: "Onde estás?" Para o homem também Deus desapareceu ocultado pelo Eu e sua presença.

O mais poderoso arbítrio do livre-arbítrio é coibir-se. Um profundo e sagaz comentário de Reb Elimelech de Lizhensk traz à luz o lugar desta sagrada restrição.

> Conta-se que Reb Zussia certa vez perguntou a Reb Elimelech: "Dizem os textos sagrados que todas as almas de todos os indivíduos estavam contidas na alma de Adão, o homem original. Isso quer dizer que a sua alma e também a minha alma estavam em Adão. Como foi possível que você e eu permitíssemos que ele pecasse e comesse da Árvore da Sabedoria?"
>
> Reb Elimelech respondeu: "Não só eu não impedi Adão de comer do fruto, como eu o encorajei. Veja que a serpente havia mentido para ele, dizendo que Deus havia interditado o fruto porque no momento que alguém o comesse seus olhos se abririam e esse alguém seria como Deus (Gen 3:5). Se Adão não tivesse comido do fruto, ele nutriria para sempre este pensamento: 'Tivesse eu comido do fruto e Eu seria igual a Deus!' E ele viveria para o resto de sua vida com esta heresia. Eu decidi, na ocasião, que seria melhor ele comer do fruto para que descobrisse que nenhum ser humano pode se igualar a Deus!" (*Four Chassidic Masters*, A.J. Twerski)

Reb Elimelech fotografa o *yetser ha-rá* em um momento muito primitivo da consciência humana. Neste fotograma ele está como uma serpente produzindo um *catch*, um xeque-mate no ser humano. Se não morder o fruto, ele já terá sido mordido pela serpente. A interdição produz a malícia, e esta produz o Eu. Reb Elimelech sabe que não há outra saída senão utilizar o livre-arbítrio. Sua alma não fica passiva, ao contrário, já se põe em combate com o *yetser ha-rá* e decide tomar partido. Só a consciência pode agora mostrar ao ser humano que ele não é Deus. Afinal, veneno e antídoto estão contidos na peçonha da serpente. Na alvorada do Eu está o crepúsculo de Deus – são como presenças que se ofuscam. E Reb Elimelech sabe que não há mais nada a fazer além de utilizar a consciência não para ser visto, mas para ver-se. Ver-se tão profundamente que deixe de ser "o que é visto, mas que não vê", para transformar-se no que "não é visto, mas que vê". Neste lugar já não somos o Eu, mas imagem e semelhança, um rápido vislumbre de Deus no sujeito em vez da tentativa de ser Deus.

O que a consciência luta por resgatar em sua lucidez é que o Eu quer ser Deus unicamente para fazer-se a autoridade absoluta a fim de satisfazer os próprios desejos. Então o Eu descobre que se feito só de desejos ele se torna ausente, sem presença. Por esta razão, abandonou as primeiras intenções verdadeiramente atreladas aos desejos e cunhou segundas intenções, plenas de finalidades. Foi um grave erro privilegiar os fins em detrimentos dos meios, porque os últimos também são indispensáveis à existência. Feito alma penada, o Eu é uma aura sem corpo.

Convivendo com o mau-impulso

Durante todo o livro apresentamos alguns dos desafios que se levantam à consciência pela sombra de suas segundas intenções.

As falas do corpo, traduzidas pela tradição, ensinam sobre a importância da contenção das necessidades e dos desejos. Esses atos de escolha que autorrestringem e que sacrificam oferecem ao ser humano um senso de santidade e dignidade.

A prática na restrição aos desejos existe em inúmeras tradições – entre as quais se destacam o desapego budista ou a vida monástica cristã. No judaísmo, essa prática é conhecida pelo termo chassídico de *bitul* (renúncia), mas está plantada no seio da tradição graças à observância dos 613 mandamentos-leis retirados do texto bíblico. O que está por trás deste treinamento é o desenvolvimento de uma desconfiança genuína para se lidar com o Eu e suas artimanhas. Pela abnegação se pratica um altruísmo que é diferente do conceito de beneficência com foco na preocupação com o outro ou com a bondade. O altruísmo é essa desconfiança em relação ao Eu e seus egoísmos para que deixem o nosso sujeito vir à tona.

A verdade é que a consciência produz vertigens não apenas pela multiplicidade de suas imagens, mas, principalmente, porque temos dificuldade em identificar o sujeito ao qual nos reportamos e prestamos conta de nossa existência.

Às vezes esse sujeito parece ser o personagem que quer dominar o mundo legitimamente, fazendo-se presente e livre; ele pode se manifestar pelo indivíduo que se submete ao mundo ou a uma força distinta de si mesmo, percebendo-se digno e santo.

Todo ser humano que tentar convencer-se de que se resume unicamente ao ser autônomo de seu interior ou ao ser compromissado com sua Lei estará flertando com o *yetser ha-rá*. Transformar a ambiguidade humana em dois personagens é o truque mais banal do qual lança mão o mau-impulso. Os dois campos pelo qual optam os seres humanos é sempre uma identidade enganchada. A escolha do outro sempre terá o charme e representará a tentação que combatemos com aversão. O campo do outro sempre será o maldito enquanto o nosso será o bendito; um é o que se dana e o outro o que se redime. Na verdade, esse olhar que julga reflete a vulnerabilidade dessa escolha, divisão que permanece viva na consciência humana.

Reb Yehudah Leib Alter (1847-1905), em *Sefat Emet* (*A língua da verdade*), livro de sua autoria, tenta relacionar essas duas características opostas a uma mesma essência. Ele quer aprimorar a questão da relação entre prazeres e abnegação numa complexa noção sobre o desapego. Por um lado, fala da necessidade de separação das coisas deste mundo, santificando-se pela renúncia; por outro, defende a noção de que tudo no mundo contém uma centelha divina, sendo fundamental engajar-nos com tudo o que o mundo tem a oferecer. Não basta rejeitar os deleites da vida para encontrar o sagrado e a redenção. O Talmude categoricamente elimina essa heresia ao estilo *A alma imoral* declarando: "No futuro teremos que prestar contas por tudo que nossos olhos viram e não comeram!" (*Kidushin, Yerushalmi, 4:12*).

Há uma relação direta entre essa declaração e o mito original da consciência em Gênesis. Adão não tinha alternativa senão provar daquilo que via. A escolha não era mais a de sair ileso. Pecado comer, mas que pecado não comer! O que os olhos veem não mais podem fingir que não viram, porque nesse momento, entre o homem e sua existência, aparecerão o *yetser hará* e a presença. Ao mesmo tempo, não há receita definitiva para evitar o mau-impulso porque este não encontra dificuldade em se camuflar – seja no prazer ou na abnegação.

A abordagem de Reb Yehuda Leib, que visa contemplar desejo e renúncia, é conhecida na tradição chassídica como a *avoda be-gashmiut*, o serviço ou a espiritualidade na materialidade. Este serviço tem a ver com a capacidade de conviver com o *yetser ha-rá*, com nossas segundas intenções, entendendo que elas se originam no imperativo de nos misturarmos na materialidade do mundo. O irrecusável da proposta da vida torna o ato de renúncia complexo e exige que seja sempre uma afirmação do livre-arbítrio em vez da desistência em relação ao mesmo. Um senhor serviço! Corpo e alma devem trabalhar juntos para fornecer o que a presença nos rouba, que é o nosso sujeito. E esse sujeito nunca poderá ser universal, determinado pela escolha de um campo de pertencimento. Nosso caminho de consciência é pessoal, para não dizer solitário. Aquele que se reprimir em excesso e aquele que se tornar permissivo em excesso conhecerão a dor da ausência – esse lugar escuro que nos leva a toda sorte de compromissos com a presença a qualquer custo e que é um vício, um atoleiro sem saída. Prepare-se na lei ou prepare-se no livre espírito e ainda assim você não conseguirá evitar a lama no caminho. Há um trabalho espiritual em plena materialidade; há um esforço entre lei e autonomia para realizar-se em uma jornada pela consciência.

Esse trabalho, diz o Rabino de Kotzk, está descrito no texto bíblico quando lemos: "E serás sagrado!" O tempo futuro significa que não há fim para este processo e denota "trabalho". O sujeito jamais se encontra plenamente no presente, como quer o Eu. Por mais que se faça uso de segundas intenções na tentativa de tocar a si mesmo e de viver como um autônomo, não nos encontramos. Há um trabalho e um esforço constante. Isso acontece pois somos vividos pela existência e não por nós mesmos. E a consciência, se quiser estar presente nesses momentos de existência, terá que brigar contra si mesma. Terá que apontar para o sagrado futuro, diluindo a gratificação do momento, mas sem desprezar a relação profunda que temos com o mundo que nos cerca, com a materialidade diante de nós. Tocando e provando do mundo e, ao mesmo tempo, renunciando a ele, damos conta de nossa alma e de nosso corpo. E se por um lado esta representação de nós mesmos é ambígua, por outro é ela que nos preenche de sujeito.

Daí a importância de convivermos com o *yetser ha-rá*, que é tanto inimigo como também força vital. Porque é ele que nos fornece o "trabalho" constante de *avodá be-gashmiut*, da batalha incessante por nossa essência na consciência.

Diz o ditado: "E se não pode vencê-lo, junte-se a ele." Com certeza, não se junte a ele como uma capitulação, mas aprenda com ele! No *yetser ha-rá* estão as mais apuradas e astutas facetas do imaginário humano. Conviver com ele, não no sentido de tolerá-lo, mas de ter maestria sobre ele, é como nos redime o sujeito em meio às miragens do ego.

Certa vez um discípulo se aproximou do Reb Dov Ber, o contador de Mezeritch, e pediu a ele para que lhe ensinasse os macetes do ofício de envolvimento sagrado com a materialidade. Reb Dov Ber respondeu: "Existem sim dez diferentes princípios nesta tarefa, mas não posso ensiná-los. O que posso fazer é direcioná-lo àqueles que podem!" "E quem são estes?", perguntou o discípulo. "Você pode aprender os três primeiros princípios com uma criança e os outros sete com um ladrão." Vendo que o discípulo não entendia, o rabino esclareceu: "Com uma criança você pode aprender a 1) se alegrar sem razão alguma; 2) a nunca desperdiçar um único momento da vida; e 3) a exigir o que quer em alta voz! Com um ladrão você pode aprender 1) a fazer seu trabalho secretamente; 2) que se não completar seu trabalho numa noite, voltará na seguinte; 3) a ser solidário com seus companheiros; 4) a arriscar a vida para atingir seus objetivos; 5) a estar disposto a perder tudo por um ínfimo ganho; 6) a estar preparado para suportar dificuldades; e 7) a ser devotado à sua labuta sem sequer hesitar em mudar de ofício." (*Histórias do Rabi*, Martin Buber)

A criança e o ladrão não são outros que o próprio *yetser ha-rá*. Primeiro no seu estágio inocente, consorte perfeito para nossa alma; depois transfigurado em embusteiro, em um velho ladrão. Se prestarmos atenção, Reb Dov Ber está nos dando uma importante dica. Quando solicitado a ensinar, ele disse não estar capacitado. Com isso declarou que a maestria sobre o impulso-ao-mau não vem de estratégias e jogos mentais. Temos que "grudar" nele, aprender suas artimanhas sem sermos contagiados por elas. E mesmo o que não pode ser explicado pode ser apreendido.

Conhecer a criança e o ladrão que há em cada um de nós é tarefa para toda a vida. Uma tarefa não cognitiva, mas de aprendizagem e experimentação. Nesse convívio, sem estar subjugado ao *yetser ha-rá*, talvez se esteja subjugado à existência dentro da consciência.

Primeiras intenções

Se pudéssemos resgatar as nossas primeiras intenções, com elas encontraríamos nossa nudez. A honestidade revela a natureza de nossa pele, os contornos reais de quem somos. Não há vergonha e o corpo roça o ar, as coisas e os outros.

Mas vivemos em outro mundo, um mundo invertido, onde procuramos segurança, quando provavelmente a primeira intenção é conhecer seus perigos. Um mundo no qual queremos imprimir nossa marca, quando provavelmente a primeira intenção é misturar-se a ele. Um mundo onde queremos equilíbrio quando provavelmente a primeira intenção é movimento.

Escrevi este livro porque muito de minha vida é dedicada a aproximar os interesses do corpo e da alma. A espiritualidade tem como drama as duas partes legítimas de uma ilegitimidade.

Quando uma se afirma, a outra se retrai. Sem querer perder sua liberdade e sem querer usufruir o sagrado, o ser humano se divide.

Os que se aferram à liberdade conhecem a vergonha do vazio, desse valor máximo individual, mas que é vão e oco. Os que se aferram à verdade e à dignidade que dela se pode extrair conhecem a tristeza de passar ao largo da vida. Por isso o profeta Isaías adverte: *"José não invejará Judá, nem Judá assediará a José (Efraim)."* Aquele que se veste de lei não deve invejar a liberdade de quem se rege pela alma; e aquele que se despe de suas vestes não deve fazer pouco do sentido do corpo. O primeiro não deve invejar porque tal nudez não é nua. O segundo não deve espezinhar porque o corpo não é ridículo.

O exercício de minha vida espiritual tem sido mediar entre os livres e os comprometidos e entre os que discernem e os que se comprometem. Estando nesta encruzilhada por onde passam peregrinos de ambos os campos, conheço um pouco da inveja ao libertário e também do assédio ao comprometido. Em nenhum há autonomia plena, em nenhum há unidade plena e em nenhum há uma nudez resolvida.

Como em *A alma imoral* desferi a favor da alma e contra a moralidade para redimir o transgressor, quis também fazer uma leitura onde o corpo desfere contra a malícia para redimir o observante.

Aqui se encontram o sonho e o mito espiritual do Ocidente. Mito judaico-cristão de conseguir reunir corpo e alma, José e Judá, em nudez. Nossos heróis são os que transitam de um campo a outro trazendo esperança. Judá denuncia a presença do *yetser ha-rá* na hipocrisia e na moral e as combate com imoralidade, transgressão, relativização e tolerância. José denuncia a presença do *yetser há-rá* na malícia e a combate com a moral, a obediência, a verdade e a intransigência.

Ambos representam o máximo momento de lucidez da consciência que só acontece neste lugar dual e ambíguo. Aliados imprescindíveis um do outro, fiscalizam-se mutuamente e alternadamente para resgatar o ser humano da loucura da consciência e da imaginação.

Ambos combatem o Eu alucinatório.

Neste livro, José denuncia Judá ao afirmar que a opção da alma pela liberdade, pela crítica e pela autonomia faz do ser humano um ser malicioso, repleto de segundas intenções. Tanto ele critica o mundo com seu livre pensamento e com sua disposição à mudança e à mutação que acaba ele mesmo sofrendo uma metamorfose, ou uma deformidade, uma anomalia. Vê a si mesmo no centro das ações e o mundo diante de seus olhos vai sendo substituído por imagens. Gradativamente, sua interação com a vida vai ficando opaca pela mediação de imagens de sua imaginação. Tão opaca que, diante dele, se interpõe um espelho. Ele não mais vê o mundo, mas a si. E de si não vê nudez que depende da interatividade com o mundo, do roçar com a realidade. A perda da morfologia e da estrutura mais básica de seu sujeito dá vida em pleno corpo a uma deformação representada por um impulso-coxo, que a tradição judaica cunhou como um impulso-ao-mau. Nesse caso, um impulso-maldoso.

Em *A alma imoral*, Judá denuncia José ao dizer que a opção do corpo pela verdade, pela conformidade e pela submissão faz do ser humano um ser hipócrita, repleto de moral. O excesso da proposta de preservação e imutabilidade o leva a sucumbir a um lugar estreito, menor, de si mesmo. Então José passa a se ver como coadjuvante da vida, delegando a uma força externa pró-ativa a relação maior com a vida. Neste lugar reativo, sua imagem vai perdendo nitidez e seu sujeito, diante da transparência de sua estampa, dilui-se mais a mais, a ponto de não mais se ver. De si José não vê nudez porque seu Eu foi substituído por Deus, perdendo a capacidade sensorial de roçar a vida cheia de riscos, equívocos e tentações. O desejo de preservação anestesia a sensibilidade de si mesmo e dá vida em plena alma a uma fossilização anômala representada por um impulso-coxo, que a tradição nomeou de um impulso-ao-mau. Neste caso, um impulso-moral.

A aproximação de alma e corpo só é possível se o *yetser ha-rá* for atrofiado. E ele só pode ser tolhido numa ação conjunta pelas duas pontas. Como na construção de um túnel: de um lado, Judá contribui com o mundo com imoralidades para desmascarar a moral hipócrita; de outro, José contribui com o mundo com sujeição e humildade para desmascarar a racionalização interesseira das segundas intenções.

Esta aproximação está miticamente presente na figura de seus heróis. Sua característica principal é avançar neste "túnel" que dá acesso à alma pelo corpo e ao corpo pela alma em busca do resgate da nudez. Esses paladinos-mártires que ousam cruzar seus campos nos servem de modelo.

Abraão fez o caminho de Judá a José. Saiu de sua cultura libertária para conhecer os compromissos com seu Deus. Caminhou do Eu a Deus na esperança de encontrar o sujeito numa terra nova, de um novo corpo que tolerasse a alma.

Jesus fez o caminho de José a Judá. Talvez literalmente, já que sua simbologia o fez nascer na casa de José, porém seus discípulos atestavam que ele passara à casa de Judá, da descendência messiânica de David. Jesus deixa José, lugar da lei, para encontrar a liberdade. Caminhou de Deus ao Eu na esperança de encontrar um novo espírito. De uma nova alma que tolerasse o corpo.

A prática de Abraão o leva a ter que sacrificar a Deus para libertar-se do seu Eu. Seu sacrifício é externo, do outro, do filho (Isaac), diante do olhar da exterioridade. A prática de Jesus o levou a ter que sacrificar o Eu para libertar-se de Deus. Seu sacrifício é interno, de si, diante do olhar de sua consciência. Em ambos os caminhos um profundo amor ao ser humano. Em ambos os caminhos, o desejo de dar fim ao sofrimento pela ausência da nudez do próximo.

Seus exemplos são como fragrâncias no jardim do Éden antes da consciência; não são de nostalgia, mas apontamentos para um futuro possível onde corpo e alma se aproximem. Futuro no qual, sem inveja e sem assédio, o humano não tenha medo de compromissos nem de liberdades.

Nessa aproximação, gradualmente o rio se tornará novamente rio e o ser se tornará seu sujeito. Sem os efeitos colaterais da inveja e do assédio, ao ser humano será possível conhecer a dimensão física da tolerância; a dimensão emocional do amor; a dimensão intelectual do educar; e a dimensão espiritual da esperança.

Na tolerância, o fim da vergonha.
No amor, o fim da vergonha.
Na educação, o fim da vergonha.
Na esperança, o fim da vergonha.

Impressão e Acabamento:
EDITORA JPA LTDA.